講談社選書メチエ

KODANSHA SENSHO MÉTIER

408

青木 健

ゾロアスター教

●目次　ゾロアスター教

アラル海
シル・ダリヤー川
ザラスシュトラは、BC12C～BC9Cに
中央アジアのこの一帯で活動
＝アーリア人の原郷？
ホラズム地方
ソグディアナ地方
アム・ダリヤー川
バクトリア地方
ホラーサーン州
ヘルマンド川
イラン高原
インダス川
ヘルマンド湖
スィースターン州
ゾロアスター教教団の推定される進出経路
ペルシア州
トゥーラーン地方
アラビア海

黒海
カスピ海
ザラスシュトラの名声だけは
BC5Cに地中海世界に
アゼルバイジャン州
地中海
ユーフラテス川
ティグリス川
メソポタミア平原
紅海
ペルシア湾

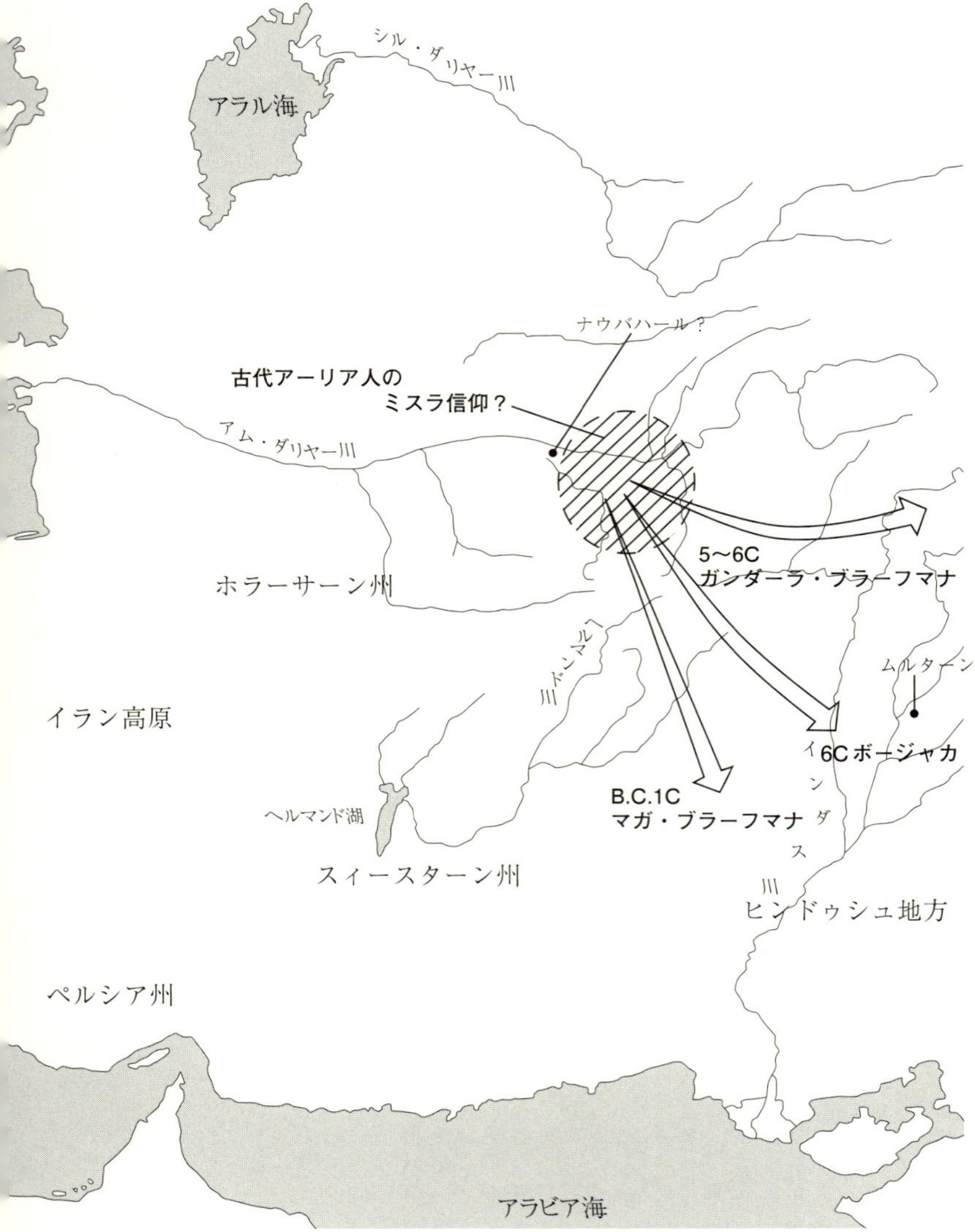
アラル海
シル・ダリヤー川
ナウバハール？
古代アーリア人の
ミスラ信仰？
アム・ダリヤー川
5～6C
ガンダーラ・ブラーフマナ
ホラーサーン州
ヘルマンド川
ムルターン
イラン高原
6C ボージャカ
B.C.1C
マガ・ブラーフマナ
ヘルマンド湖
インダス川
スィースターン州
ヒンドゥシュ地方
ペルシア州
アラビア海

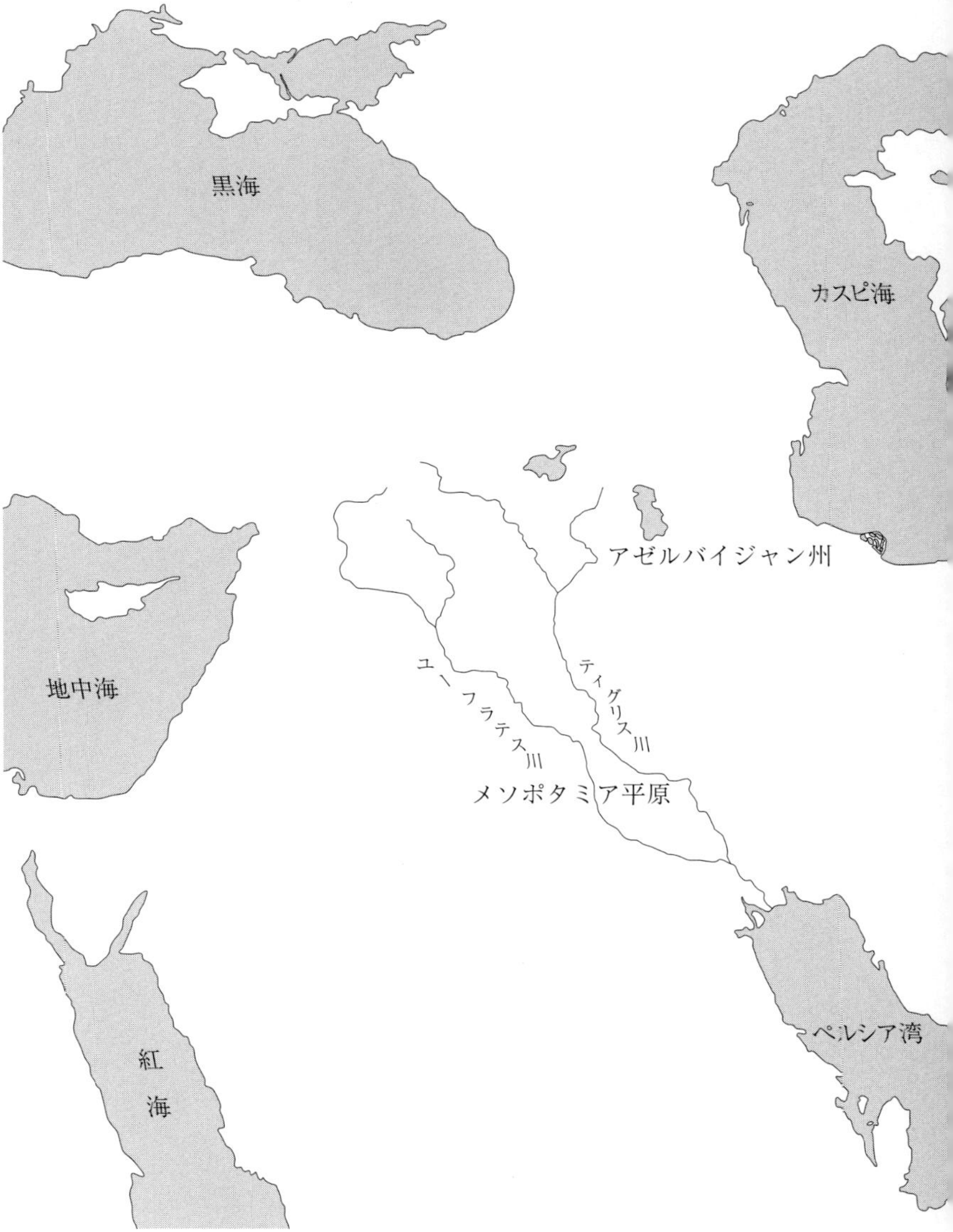
黒海
カスピ海
地中海
アゼルバイジャン州
ユーフラテス川
ティグリス川
メソポタミア平原
紅海
ペルシア湾

シル・ダリヤー川
アラル海
宗主国アルシャク王朝パルティアの版図
アム・ダリヤー川
パルティア地方
アルタクシアス王朝時代の最大版図
イラン高原
ヘルマンド川
ヘルマンド湖
スィースターン州
インダス川
ペルシア州
アラビア海

黒海
カスピ海
アルメニア王国
エチミアジン教会
ローマ帝国
イェレヴァン
地中海
ユーフラテス川
ティグリス川
ラリシュの谷
クテスィフォン
メソポタミア平原
ペルシア湾
紅海

アラル海
シル・ダリヤー川
サーサーン王朝ペルシア帝国の版図
ヤザドギルド3世暗殺
651
アム・ダリヤー川
メルヴ
656
ホラーサーン州
クーミシュ
エーラーン・ウィナルド・カヴァード
スパハーン
ヘルマンド湖
ヘルマンド川
ペルシア州
スタフル
サルヴェスターン
スィースターン州
アルダフシール・ファッラフ
スィーラーフ
インダス川
アラビア海

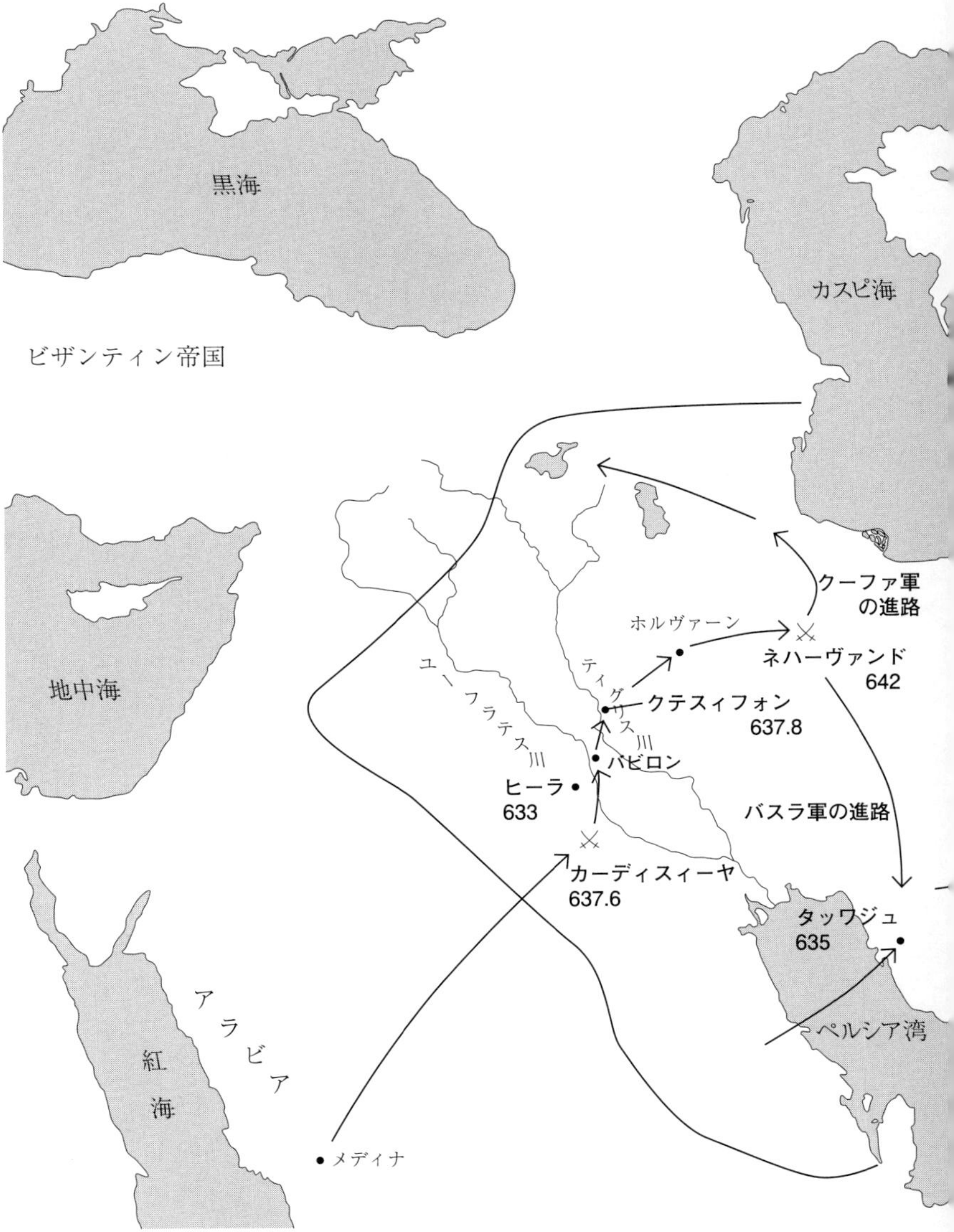
黒海
カスピ海
ビザンティン帝国
地中海
クーファ軍
の進路
ホルヴァーン
ネハーヴァンド
642
ティグリス川
クテスィフォン
637.8
ユーフラテス川
バビロン
ヒーラ
633
バスラ軍の進路
カーディスィーヤ
637.6
タッワジュ
635
アラビア
紅海
ペルシア湾
メディナ

アラル海
シル・ダリヤー川
ウマイヤ王朝イスラーム帝国の版図
アム・ダリヤー川
メルヴ
ホラーサーン州
クーファ市政府の支配網
ネーウ・シャーブフル
ヘルマンド川
ペルシア州
ヘルマンド湖
ザラング
スィースターン州
スタフル
シーラーズ
バスラ市政府の支配網
アルダフシール・ファッラフ
スィーラーフ
インダス川
アラビア海

黒海
カスピ海
ビザンティン帝国
アルダビール
アゼルバイジャン州
フルワーン
クム
ダマスカス
（ウマイヤ王朝の首都）
地中海
ユーフラテス川
ティグリス川
クーファ
バスラ
ペルシア湾
紅海
メディナ

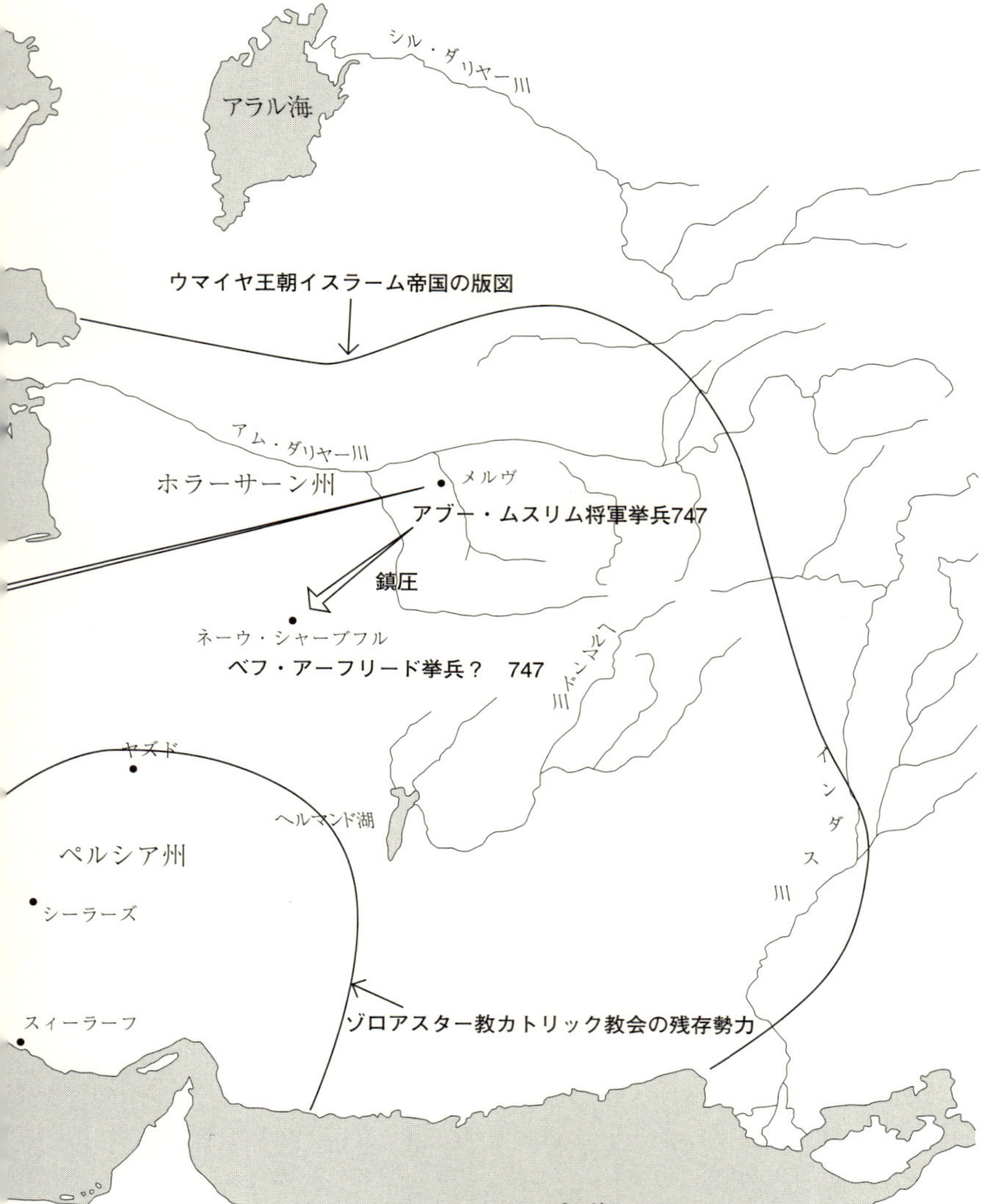
シル・ダリヤー川
アラル海
ウマイヤ王朝イスラーム帝国の版図
アム・ダリヤー川
ホラーサーン州
メルヴ
アブー・ムスリム将軍挙兵747
鎮圧
ネーウ・シャーブフル
ベフ・アーフリード挙兵？ 747
ヘルマンド川
ヤズド
ヘルマンド湖
インダス川
ペルシア州
シーラーズ
スィーラーフ
ゾロアスター教カトリック教会の残存勢力
アラビア海

黒海
カスピ海
ビザンティン帝国
アゼルバイジャン州
地中海
ダマスカス
ユーフラテス川
ティグリス川
クム
イラーク平原制圧749
シリア制圧750
アッバース革命の成功
クーファ
バスラ
紅海
メディナ
ペルシア湾

プロローグ――アーリア民族とゾロアスター教

古代オリエント時代の最終ランナーにしてイスラーム時代の先駆者＝アーリア民族

西アジアの歴史時代は、紀元前三三〇〇年ごろのシュメール人の都市文化に始まり、その後、幾多の波乱万丈を経て紀元後二〇〇〇年の現代まで至る。この五三〇〇年に及ぶ時間の流れを区分する方法は、基準の取り方によってさまざまだが、一つの有力な区切りとして、紀元後六五〇年ごろのアラブ人とイスラームの勃興がある。確かに、これ以降、西アジアの共通語はアラビア語に統一され、西アジアの居住者の大部分がイスラームに改宗しているので、西アジア史に「イスラーム時代」を設定するのは有効な時代区分である。

しかし、五三〇〇年の歴史の後半四分の一である一三五〇年間を占める「イスラーム時代」に非常な比重が置かれ、西アジア＝「中東・イスラーム世界」とされるのは、バランス的に問題ではないだろうか。西アジアには、この地域が「イスラーム時代」に突入する以前に、四〇〇〇年近い重畳《ちようじよう》の歴史がある。「イスラーム時代」に対して、「古代オリエント時代」と総称される時代である。

この「古代オリエント時代」は、「イスラーム時代」のように言語的・宗教的に一体性のある時代区分ではなく、多くの民族と宗教が興亡を繰り返した期間である。一見すると茫漠としているようだが、時代が下るにつれて、政治的な統一性は増し、共通語が設定され、精神活動として個人の霊魂の救済を求める宗教が現れてきた。そして、この「古代オリエント時代」の後期、紀元前五五〇年ごろから紀元後六五〇年ごろまでの一二〇〇年間にわたって西アジアの政治的な覇権を握り、精神活動においても長足の進歩を見せたのが、中央アジアからはるばるとイラン高原まで移動してきた古代アーリア民族である。この点に重きをおけば、「古代オリエント時代」と「イスラーム時代」の中間に、以下のような「古代アーリア民族の時代」を設定することができるだろう（あるいは、この時代はペルシア帝国が重要な役割を果たしたので、「ペルシア帝国時代」と呼んでもよい）。

古代オリエント時代：紀元前三三〇〇年〜紀元前五五〇年

古代アーリア民族の時代：紀元前五五〇年〜紀元後六五〇年

イスラーム時代：紀元後六五〇年〜現代

以上の時代区分の中で、古代アーリア民族の活動は、①古代オリエント文明を政治的・経済的・文化的に集大成した最終ランナーとして興味深く、また、②インド亜大陸やヨーロッパに移動した別系統のアーリア民族との比較という点でも注目に値する。それに加えて、③来るべき「イスラーム時代」を準備した先駆者としての意義も見逃せず、さらには、④「イスラーム時代」にも独特の位置を維持し、イラン・イスラーム文化を形成した点で重要である。本書は、以上の四つの観点を十全にカバーして充分な解説ができている訳ではないし、古代アーリア人の活動の中でも宗教に焦点を絞っている。それでも、日本ではあまり注目されてこなかった「古代アーリア民族の時代」の、古代アーリア人の活動の概説を意図した書物ではある。

古代アーリア人の民族宗教

古代アーリア民族は、古代オリエント世界の主軸をなしていたセム系民族とは言語や原始的な宗教観念を異にし、途中から闖入者《ちんにゅうしゃ》として西アジアに姿を現した。その上、それまで古代オリエント文明の中枢をなしていたメソポタミア平原ではなく、その東隣のイラン高原に居を定めたので、生活形態からして異なる古代アーリア人の民族宗教は、先住のセム系民族から見ればかなり異質なものだったと思われる。

古代アーリア民族の宗教は、濃厚な呪術性、思想を神話的イメージに載せて語る独特のディスクール、異なる文化伝統を有する者には意味不明なアーリア人固有の神格群、それらの諸神格に向けて細かく規定された儀式の方法、そして、呪術や儀礼を司る神官が絶対優位な階級社会……こういった点に特徴があった。また、本来的には中央アジアで牧畜に従事していた古代アーリア人に特有の生活習慣も、それを背後から支える要素として逸することができない。本書の第一章では、イラン高原に出現した当初の古代アーリア人の宗教観念の特徴を明らかにする。

原始ゾロアスター教教団の誕生

続く第二章では、原始ゾロアスター教の成立を扱う。紀元前一二～紀元前九世紀ごろ、上述のような古代アーリア民族の宗教観念が充満する中央アジア～イラン高原東部から、ザラスシュトラ・スピターマという神官が現れ、新たな教えを齎《もたら》した。それを要約すれば、「この世は善と悪の闘争の舞台であり、人間存在は善の戦士である。世界の終末には救世主が現れて、必ずや善が勝利するであろう」という、あらかじめ筋書きの判明した宇宙的ドラマである。古代アーリア民族の神話や伝説はこのドラマに沿うように書き改められ、犠牲獣祭や曝葬《ばくそう》などの祭式儀礼はこのドラマの中に再配置して新たに意義づけられる。そして、このような古代アーリア民族の宗教観念を解体・再構築した知的作業の結果を総称して、「原始ゾロアスター教」と称する。

もとより、当時の牧畜社会の中で、上述のような宇宙的ドラマを透視し、善と悪の峻別《しゅんべつ》を説いたザラスシュトラは、古代アーリア民族が生んだ宗教的天才である。彼の二分法を用いれば、世界はことごとく「光と闇」、「生と死」、「芳香と悪臭」、「犬と爬虫類」などのように一対の概念として把握され、それらの背後には不可知の「善神と悪魔」が存在して天上界で覇を争っているとされる。現代から振り返ればあまりに簡単な世界観であるが、森羅万象を単純化して了解可能にする点で、確かに優れた面を持っていた。

しかして、この二元論的世界観の中で、何が善で何が悪に当たるかは、何らかの原理に従って理性的に弁別されるよりは、教祖の啓示又は古代アーリア民族の生活文化の中で先験的に指定されていた。現代から見れば、「光と闇」、「芳香と悪臭」の対立はまだ理解できるが、「犬やビーバーが善なる生物で、カエルやサソリは悪なる生物である」と説かれても、なかなか理解できないだろう。さらに、その結果として、「カエルやサソリは見つけ次第に殺戮すべし」との宗教法が定められたのでは、カエルやサソリこそ災難である。この段階での原始ゾロアスター教は、まだまだ古代アーリア民族の土俗的な信仰を色濃く残した宗教だった。

古代アーリア民族の諸宗教

このような原始ゾロアスター教が、イラン高原の古代アーリア民族の間に一挙に広がった訳ではない。イラン高原には、古代アーリア人の民族宗教の派生形が数多く存在していたし、原始ゾロアスター教自体、その中の一亜種に過ぎなかった。

本書の第三章では、この古代アーリア民族の諸宗教の形態として、イラン高原東部のミスラ教、太陽崇拝、イラン高原西部のアルメニア人の宗教、クルド人のヤズィード教を比較的詳しく取り上げ、原始ゾロアスター教を古代アーリア民族の宗教の枠組みの中で相対化する。ゾロアスター教以外の古代アーリア民族の諸宗教に目を向ける概説書はほとんどないので、本書の新しい試みである。これがどの程度成功しているかは筆者には分からないが、少なくとも、この視点が本書の大きな特徴である。

ゾロアスター教の最終形態とサーサーン王朝ペルシア帝国

「古代アーリア人の時代」の掉尾《とうび》を飾るのが、二二四年に成立したサーサーン王朝ペルシア帝国である。この帝国が、数ある古代アーリア人の諸宗教の中からゾロアスター教を国教として選択したことで、同教は他の古代アーリア人の宗教を抑えて国家権力の保護を受け、古代アーリア人の土俗的信仰の枠を超えて明確な教義を備えた宗教に脱皮した。それは、この王朝の時代に初めて聖典が文字化され、それに対する注釈や独立した神学書が陸続として執筆されたことからうかがえる。

また、この時代には、比較的安定したサーサーン王朝の統治下で、華やかなペルシア文化が花開いた。この文化は、メソポタミア平原のセム系民族とは若干断絶があるがゆえに、古代オリエント文明の総決算とまでは言い切れないかも知れないが、少なくとも、一二〇〇年間続いてきたイラン高原の古代アーリア民族の文化の集大成であった。第四章では、ゾロアスター教の最終的な完成形態が定まったサーサーン王朝ペルシア帝国の宗教思想と、それと相即不離の関係にあるサーサーン王朝ペルシア文化を扱う。

サーサーン王朝ペルシア帝国最大の貿易港だったスィーラーフ（ペルシア州南部）にあるダフマ群。イスラーム時代以前に、アラビア海からインド洋で活躍したゾロアスター教徒商人や船員のためのものか？　因みに、スィーラーフは、10世紀の大地震で壊滅し、現在見るような廃墟となった。p.49も参照。

サーサーン王朝の崩壊とゾロアスター教の消滅

七世紀前半にアラビア砂漠の中から現れたイスラームと、それを信奉するアラブ人の軍事的攻勢の前に、サーサーン王朝ペルシア帝国は崩壊した。そして、これによって、二つの新しい事態が招来された。一つは、メソポタミア平原以西に留まっていたセム系民族の宗教が、本格的にイラン高原上に進出し、アーリア民族の間に布教された点である。もう一つは、サーサーン王朝という外殻の中で国家宗教ゾロアスター教に抑え込まれていた古代アーリア人のその他の宗教思想が、つぎつぎに表面に浮上した点である。七〜一〇世紀のアーリア人の宗教事情は、単純に「ゾロアスター教→イスラームへの改宗」の構図で割り切れるものではなく、「国家宗教ゾロアスター教の崩壊→アーリア人のその他の諸宗教の表面化＋イスラームの侵入」という、かなり複雑な構造を示している。本書の第五章では、アラビア語文献に依拠して、今までほとんど触れられなかったこの状況を取り上げる。

イラン・イスラーム文化とパールスィー文化へ

イラン高原上に栄えた古代アーリア人の文化は、一〇世紀以降は二つの方向で継承されていく。その第一は、サーサーン王朝時代に形成されたアーリア人的な生活パターンで、これは、彼らの宗教がゾロアスター教からイスラームに転換しても不変のまま残った。第二は、サーサーン王朝時代に形成されたゾロアスター教の祭式儀礼や教義文献などで、これらは、少数のゾロアスター教徒がインド西海岸へ亡命して、生活パターンはヒンドゥー教徒化しながらも、保持した。本書の第六章は、この古代アーリア人文化の継承問題を解説する。

ザラシュストラの伝説化

ゾロアスター教のこのような実像とは別に、この宗教はヨーロッパ人の目から見て、絶えず東方の神秘的な教えを一身に具現化した存在であり続けた。イラン高原のアーリア人は、一二〇〇年間、オリエントに蟠踞《ばんきょ》する巨大な政治勢力として周辺民族に大きな影響を与え続けたので、ゾロアスター教は、実像を上回る荘厳な後光を帯びたのである。

例えば、あるギリシア人は、ゾロアスター教神官は占星術の大家だと考えた。しかし、これは、当時のペルシア帝国の版図に含まれていたバビロニアの占星術師たちの伝承をゾロアスター教神官に帰した誤解である。当時のバビロニアはイラン高原のアーリア人が支配するペルシア帝国に含まれていたので、ギリシア人から見て、バビロニア土着の占星術師たちの思想や行動が、ゾロアスター教神官のものと勘違いされたのである。また、ある外部観察者は、ゾロアスター教神官（マギ）が善神に祈って加護を求めるのを見て、彼らは魔術を操ると考え、「マギ」の語をマジックの語源とした。しかし、ゾロアスター教神官は呪文を唱えることで悪魔を追い払っているに過ぎず、もし西欧の用語を用いるとしても、「防御的な白魔術」を実践しているのみである。にもかかわらず、なぜかゾロアスター教神官は異様な幻術・奇術の使い手としてイメージされ、怪しい魔界の妖力を自在に操る魔術師として語り伝えられた。

この西欧におけるゾロアスター教の虚像は、一九世紀に本格的なゾロアスター教研究が成果を挙げるまで、一〇〇〇年以上にわたって西欧知識人の心の中に生き続けた。そして、一九世紀になってからも、イラン高原のアーリア人、インド亜大陸のアーリア人、そしてヨーロッパのゲルマン民族の三者が同祖のインド・ヨーロッパ語族に属することが判明すると、今度は政治的な民族主義の隆盛にともなって、ザラスシュトラはアーリア民族の英雄と讃えられた。この潮流の行き着くところは、ナチスの「支配民族たるアーリア人による世界征服と劣等民族の抹殺」の思想であり、彼らの異教的アーリア人宗教の祭壇の中で、ザラシュストラは確固たる位置を与えられた。本書の終章では、この科学的な研究以前のゾロアスターの虚像と、科学的な研究以後も一層過激になったアーリア民族主義の中のゾロアスターの虚像を扱う。

第一章

古代アーリア民族と彼らの宗教

1. 古代アーリア人の民族移動

インド・ヨーロッパ語族のインド・イラン・ヨーロッパへの分岐

原始インド・ヨーロッパ語族は、紀元前三〇〇〇年ごろから、中央アジアを起点として東西に民族移動を開始し、まず、ヨーロッパへ向かう西方系と、イラン高原・インド亜大陸に向かう東方系に分かれたとされる。このうち、明確に「アーリア人」と自称していたのは東方系だけなので、狭義の「アーリア人」とは、このころにイラン高原とインド亜大陸に移住したインド・ヨーロッパ語族を指す。後年、この事実から遡及して、ヨーロッパに移住した白人種も「アーリア人」を名乗るケースがあったので、「アーリア人」を広義に用いる場合には、インド・ヨーロッパ語族全体を指す[1]。

もちろん、「アーリア人」の概念は、人類学的な形質に基づく種族ではなく、太古の昔に言語と原始的な宗教思想を共有した集団に過ぎない。先住民族や外来民族との間で絶えず混血を繰り返したと予想される「アーリア人」を、人類学的な特質によって、例えば「金髪碧眼《きんぱつへきがん》の白色人種」と規定することはできない。実際、二〇世紀後半のあるイラン滞在記によれば、現代のイラン高原の住人の一六人中一五人までは黒髪黒目で、金髪碧眼は一六人中一人くらいしかいないという[2]。また、筆者のインド・イラン経験に照らしても、モンゴロイド系の人物には随分お目にかかったが、金髪碧眼の住民はほとんど見かけなかった。従って、仮に「金髪碧眼の白色人種」といった外見を「アーリア人」の特徴とした場合、肝心のイラン高原のアーリア人とインド亜大陸のアーリア人の大部分は、「アーリア人」ではなくなってしまう。本書では、「アーリア人」を、「紀元前二〇〇〇年紀の段階で共通の言語と宗教思想を持っていた民族集団」の意味で用いたい。

このうち、インド亜大陸に進出したアーリア人は、紀元前一五〇〇年ごろから、先住のドラヴィダ人に代わってガンジス川流域に定住し、自らの住まうインド亜大陸北部を、サンスクリット語で「アーリヤーヴァルタ（アーリア人の土地）」と名づけた（ちなみに、古典期にはまだアーリア人が進出していなかったインド亜大陸南部は、「ダクシナーパタ〈南方〉」と命名されている）。彼らが、現在のインド人——少なくとも上位カーストのヒンドゥー教徒——の祖である。

他方、イラン高原に進出したアーリア人は、徐々に正体不明の先住民族を駆逐してイラン高原東部に浸透し、ここをアヴェスター語で「アルヤナ・ワエージャフ（アーリア人の土地）」と名づけた。その後、イラン高原全域に拡大して南部のペルシア地方に定住した一派は、紀元前六世紀には全オリエントを統一してハカーマニシュ（アケメネス）王朝ペルシア帝国を樹立した。彼らは、かなり後年まで「アーリア（後にエールに変化）」の語を民族的な意味で用い、三世紀に成立したサーサーン王朝ペルシア帝国は、自らの支配領域をパフラヴィー語（中世ペルシア語）で「エーラーン・シャフル（アーリア民族の帝国）」と称している。

ヨーロッパに移住したインド・ヨーロッパ語族は、自ら「アーリア人」を名乗ることはなかったが、歴史上の一時期、主としてゲルマン民族が、「アーリア人」を称して極端な選民意識を持った[3]。このナチス・ドイツの記憶があるため、現在ではイラン高原とインド亜大陸に住む東方系のインド・ヨーロッパ語族に限定して「アーリア人」の名称を用いる方が一般的である。例えば、ノルウェーのインド・イラン学者モルゲンシュティルネは、「ヨーロッパでアーリア人といえるのは、北インドに起源をもつジプシー（ロマ、ツィゴイネル）だけである」と唱えた。この説は、インド・ヨーロッパ語族の中の東方系だけを「アーリア人」と認め、西方系であるヨーロッパ人を「アーリア人」の範疇に含めない立場に立っている（まことに皮肉なことに、ヨーロッパ唯一の「アーリア人」であるジプシーは、純粋アーリア人を自任するナチスによって「劣等人種」のレッテルを貼られ、ユダヤ人ともどもホロコーストの厄《やく》に遭《あ》った）。このように、ヨーロッパ人たち（特にドイツ人たち）が歴史的事情で「アーリア人」の語を冠されるのを嫌っている以上、現在のところは、「アーリア人」の語をインド亜大陸とイラン高原のインド・ヨーロッパ語族に限定して用いた方がよさそうである。

アーリア人の後継者＝テュルク人の民族移動

西暦八世紀以降、約三〇〇〇年前にアーリア人が行ったのとほとんど同じ運動律を示し、中央アジアからインド亜大陸、イラン高原、小アジア、さらにはヨーロッパまで進出して、ユーラシア大陸の至る所で政治的な覇権を掌握したのはテュルク（トルコ）系民族だった。インド亜大陸では、アーリア人ヒンドゥー教徒の諸王朝はテュルク人イスラーム教徒の統一帝国に取って代わられ、イラン高原では、土着のアーリア人イスラーム教徒は新来のテュルク人イスラーム教徒の武力に圧倒された。また、小アジアではビザンティン帝国が滅んでオスマン・トルコ帝国が樹立され、ヨーロッパにはフィンランドやブルガリアなどのテュルク系国家が誕生した。

一七世紀ごろ、中国とヨーロッパを除くユーラシア大陸を支配した三大帝国が、インド亜大陸のムガル帝国、イラン高原のサファヴィー王朝、小アジアのオスマン・トルコ帝国と、いずれもテュルク・モンゴル系の王朝だったのは、テュルク民族の政治的・軍事的覇権の絶頂を示している。八〜一〇世紀を境にして、アーリア人のユーラシア大陸中央部における覇権は終わり、新たにウラル・アルタイ語族に属するテュルク人の時代が始まったと見ることができる。

2. 古代アーリア人の宗教

アーリア人の民族宗教保持とテュルク人のイスラーム改宗

このように、民族移動に関しては、時代を異にしつつも相似形の運動律を示したアーリア人とテュルク人であるが、彼らの宗教思想の変遷に関しては、かなりの差が認められる。テュルク人は、中央アジア〜モンゴル高原で遊牧生活を送っていた当時は、原始的なシャーマニズムを信奉していたと推測されている。しかし、一〇世紀ごろにイラン高原に進出してからは、八〜一〇世紀に一足先に改宗していたアーリア人イスラーム教徒の影響を受け、つぎつぎにイスラームを受容し、その洗礼を受けた後で小アジアやインド亜大陸に進出した。いわば、テュルク人の政治的・軍事的進出と彼らのイスラーム化が、同時並行で起こったのである。これをテュルク人の側から言えば、民族移動の初期段階でシャーマニズムを捨ててイスラームを導入し、比較的高度な文明を携えながら移動したので、移動先の文明に同化されることなく、一体性を保つことができた。また、イスラームの側から言えば、爾後《じご》一〇〇〇年にわたって異常な活力を示すテュルク人を民族移動の最初に改宗させてしまったことは、以後のイスラームの発展――特にインド亜大陸と小アジアへ向けての地理的な発展――にとって非常な成果だった。

これに対してアーリア人は、民族移動の当初に彼らを強力にブロックするような文明を欠いたので、彼ら自身の民族宗教を比較的良く保存したまま、民族移動の終着地まで到達していった。インド亜大陸では、古代アーリア人の宗教（通称ヴェーダの宗教）をそのまま発展させてバラモン教を形成したし、イラン高原では、古代アーリア人の民族宗教を改革する形でゾロアスター教を生み出し、中央アジアでもゾロアスター教の亜流が栄えた。この共通性のゆえに、各地のアーリア人の宗教を比較して、民族移動以前の原始アーリア人の宗教思想を復元しようとする試みが成立する余地が生まれる。

宗教観念の共通性

アーリア人が民族移動する以前、まだ中央アジアでまとまって牧畜生活を送っていた当時の宗教思想を再現する研究手段として、比較神話学がある。一九世紀にはマックス・ミュラー、二〇世紀にはジョルジュ・デュメジルなどの泰斗《たいと》碩学《せきがく》が、インド亜大陸のアーリア人、イラン高原のアーリア人、ヨーロッパのゲルマン民族などに共通の要素を抽出し、それらの構造を手がかりに、古代アーリア人の宗教観念の原型を復元するという研究を推し進めた[4]。

階級	イラン高原のアーリア人社会	インド亜大陸のアーリア人社会	ナチス・ドイツのアーリア人社会
神官階級	アースラワン	ブラーフマナ	ナチ党＋警察（親衛隊？）
戦士階級	ラサエーシュタル	クシャトリヤ	ヴェーア・マハト（ドイツ国防軍）
農民・職人階級	ワーストリヨー・フシュヤント	ヴァイシャ	アルバイト・フロント（ドイツ労働戦線）
（階級外の存在）	—	シュードラ	ユダヤ人

図表1：アーリア人社会の3階級制度

今、仮にデュメジルの説くところに従えば、古代アーリア人の社会は、神官階級・戦士階級・庶民階級という三階級によって厳然と仕切られていた。この階級制度は、民族移動した後も、インド社会のカースト制度、イラン社会の三階級制度などとして、各民族に痕跡として残った。また、彼によれば、ナチス・ドイツの組織も、この古代アーリア人社会の三階級制度を無意識的に継承していると分析される（図表1参照）[5]。そして、各要素ごとに見れば雑然とした多神教と映る古代アーリア人の諸神格は、じつはこのアーリア人社会の三階級構成に対応して権能が定められており、彼らの宗教観念はこの三階級理論の角度から理解されるべきであると考えられる。

以上のようなデュメジル理論がどこまで妥当なのかは、比較神話学の専門家ではない筆者には判断できない。しかし、インド・イラン・ヨーロッパに分化する以前の古代アーリア人の宗教にある種の共通性があった可能性は充分に考えられる。そして、その共通の宗教が、後のゾロアスター教興起の土壌になったのである。

アーリア人の民族宗教の変容

古代アーリア人の宗教が大きな変容を蒙るのは、むしろ各移動先での定住後である。ヨーロッパに定住したゲルマン民族の間では、当初はゲルマン神話の世界観が主流だった。しかし、五世紀にセム的一神教であるキリスト教の布教が始まってからは、ゲルマン神話に代表される民族宗教は急速に衰えていった。地理的な理由でキリスト教化が最も遅れた北欧でのみ古代ゲルマンの宗教が良く保存され、一三世紀以降に北欧神話『エッダ』や『サガ』などが文字化された。現在、ゲルマン神話がまとまって伝えられているのはこれらの北欧神話だけなので、研究者たちは、それらから逆算して往古のゲルマン神話の全体像を類推している。

イラン高原に定住したアーリア人は、宗教思想に関しては最も激しい変動を経験した。彼らは、本来は古代アーリア人の多様な民族宗教を信仰していたが、三世紀に、ザラスシュトラ・スピターマの教えがサーサーン王朝の政治権力と結びついてペルシア帝国の国教に昇格すると、これによって一元化された。しかし、この状況も四〇〇年ほどしか続かず、七世紀にペルシア帝国がアラブ人イスラーム教徒によって征服された後は、三〇〇年ほどかけてスンナ派イスラームに改宗していった。さらに、一〇世紀ごろからテュルク人がイラン高原に大量進出すると、スーフィズムの隆盛を見、一六世紀にテュルク系のサファヴィー王朝がシーア派を国教に採用すると、今度はシーア派イスラームに改宗して現在に至っている。このため、イラン高原のアーリア人は宗教的伝統の面では二転三転を繰り返し、古代アーリア人の宗教思想とは最も縁の薄い末裔とみなされている。

これとは対照的に、外部の宗教からの影響を受けることが比較的少なかったのが、インド亜大陸に移住したアーリア人である。彼らは、優勢な軍事力によってインド亜大陸に移住してからは、古代アーリア人の宗教をインド亜大陸に移植してバラモン教を形成した。途中、仏教の興隆を挟みつつ、四

	インド亜大陸	イラン高原	中央アジア	ヨーロッパ
本来の民族宗教	古代アーリア人の宗教→バラモン教→4世紀頃にドラヴィダ的要素を導入して、ヒンドゥー教に発展	古代アーリア人の宗教→紀元前12～紀元前9世紀にゾロアスター教に発展	古代アーリア人の宗教→ゾロアスター教の亜流化	古代アーリア人の宗教→ゲルマン神話（北欧神話）に発展
改宗後の宗教	ヒンドゥー教を維持。若干はイスラームに改宗	7世紀以降スンナ派イスラームへ改宗→16世紀にシーア派イスラームに改宗	10世紀以降、テュルク化の波の中でアーリア人の存在自体が消滅	5世紀以降、キリスト教へ改宗

図表2：各地に移住したアーリア人と宗教の変遷

世紀になると、征服されたドラヴィダ人の要素が表面に浮上し、「純粋アーリア的要素（バラモン教）＋ドラヴィダ的要素」の混合体としてヒンドゥー教が成立した。この段階で、土着のドラヴィダ的な要素がかなり優勢になり、純粋にアーリア人の宗教だったバラモン教を大幅に変容させてしまったとされるが、それでも、完全にキリスト教化したゲルマン民族やイスラーム化したイラン高原のアーリア民族に比べれば、古代アーリア的要素を保存している方である。その後は、このヒンドゥー教が長く命脈を保ち、一三世紀以降のテュルク系イスラーム教徒の侵入からもそれほど大きな影響を受けないまま、現在に至っている（図表2参照）。

イラン高原のアーリア人の神々列伝

ゾロアスター教思想を理解するためには、その前段階として、イラン高原の古代アーリア人が信仰していた多神教の神々――デュメジル風に言うならば、古代アーリア人の三階級社会に対応する三階級神格――を理解しなくてはな

	インド亜大陸のアーリア人	イラン高原のアーリア人
神官階級の神	ミトラ（友情・契約の太陽神） ヴァルナ（真実神）	ミスラ —
戦士階級の神	ヴァーユ（風の戦闘神） インドラ・ウリトラハン（勝利の戦闘神）	ヴァーユ ウルスラグナ
庶民階級の神	ナーサティア	—
聖火の神	アグニ（火神）	アータル
河川の女神	—	アルドウィー・スーラー・アナーヒター

図表3：インド亜大陸・イラン高原のアーリア人の共通神格

らない。以下では、それの神々について、ゾロアスター教理解に必要な範囲内で列伝風に紹介したい[6]。上述のように、古代アーリア人の宗教に関して最も豊富な資料を提供するのは、インド亜大陸のアーリア人が奉じるヴェーダの宗教、バラモン教、ヒンドゥー教関係の資料である。古代イラン研究者としては遺憾ながら、ゾロアスター教以前の古代イラン高原で崇拝されていたアーリア人の神々について述べるためには、古代インド学の研究成果を流用させていただくしかない。図表3に示すところが、デュメジルが分類する社会三階級の神々、アーリア人の呪術に欠かせない聖火の神、河川の女神など、一般的な自然崇拝の神々である。

ミスラ神：友情・契約などを司る太陽神で、古代アーリア人の間で非常に人気が高かったらしい。特に、宇宙の秩序を維持する機能は、地上における神官階級の役割を投影したものと考えられている。しかし、イラン高原ではザラスシュトラ・スピターマの二元論的世界観の中に座を与えられず、ゾロアスター教的には目立たない位置に追いやられた。それでも、ゾロアスター教の影響をそれほど受けないイラン高原周辺部の古代アーリア人の間ではかなり後世まで生き残り、ローマ帝国におけるミトラ教、中央アジアにおける弥勒菩薩《みろくぼさつ》信仰などに継承された。

ヴァーユ神：風を擬人化した戦闘神で、戦士階級の間で信仰されていたと考えられている。しかし、イラン高原ではザラスシュトラ・スピターマの二元論の枠内に上手く収まりきらず、善悪両方の勢力に協力する日和見《ひよりみ》的な神に降格されている（善なるヴァーユと悪なるヴァーユに二分されたとの解釈もある）。また、本来が風神であったので、ゾロアスター教的には、善と悪を分ける中間世界の神とも説明される。

ウルスラグナ神：勝利を擬人化した戦闘神で、ヴァーユと同じく戦士階級の間で信仰されていたと考えられている。しばしば、青年、雄牛、雄馬、猪などに化けて、インド亜大陸のインドラ神同様の攻撃的・破壊的な戦闘力を発揮する。いろいろ変身するので、ペルシア・レリーフの解釈者泣かせの神でもある。また、サーサーン王朝ペルシア帝国時代の大聖火には、アーリア民族の守護神として、必ずアータフシュ・ヴァフラーム（ウルスラグナの中世語形）＝「勝利の聖火」の名称が授けられた。

アータル神：古代アーリア人は、聖火を焚《た》いて呪術を執行する習慣があったので、その聖火を擬人化した神。聖火は、古代アーリア人の宗教思想の中では、神々に捧げる供物を天上に運搬する回路の役割を担っているとされた。また、現代のゾロアスター教徒は、「火を通して神に祈る」ものと理解している。従って、ゾロアスター教徒を指して「拝火教徒」と呼ぶのは、あたかも「アータル神一神教」を連想させて本人たちにとってははなはだ不本意である。また、聖火の呪術的使用という観点からすれば、インド亜大陸のヒンドゥー教徒も同等の資格と権利をもって「拝火教徒」と呼ばれなくてはならないかも知れない。

アナーヒター女神：古代アーリア人は、中央アジア━▶イラン高原と、比較的水資源に乏しい地域を民族移動してきたので、河川に対して格別の思い入れがあったらしい。そして、その河川の神は、アーリア人の神格としては珍しく、豊穣・子孫繁栄・純潔を司る女性神アナーヒターとして古代アーリア人のパンテオンに祀られることになった。主として男性神しか分析対象としなかったデュメジルにとっては無念なことに、この女神は、アーリア人社会の三分節化理論の中に収まりきらない。このため、アナーヒター女神は、土着の民族の女神が姿を変えてアーリア人の宗教の中に包摂されたのだと説明されることもある。自然崇拝は民族移動とは無関係に維持・継承されると考えるなら、可能性は大きい説である。

第二章

原始ゾロアスター教教団の成立

——二元論と白魔術の世界観

1. ザラスシュトラ・スピターマの到来

ザラスシュトラ・スピターマの誕生

紀元前一二〜紀元前九世紀ごろ、中央アジア〜イラン高原東部一帯では、民族移動途上の古代アーリア人が、牧畜生活を送っていた。ザラスシュトラ・スピターマは、その古代アーリア人の階級社会と多神教信仰のただ中に、ハエーチャスパ族の神官一家の息子として生まれた。神官階級出身である以上、彼は、どのような神格にどのような呪文を唱えてどのような儀式を執行したらどのような効果が得られるかについて、完全に精通していたはずである。現代でこそ無意味と考えられている呪術的知識だが、これらはその当時にあっては最先端の学識である。それを身につけたザラスシュトラは、古代アーリア人社会の知的エリートであった。

そのまま現状に満足して暮らしていても、古代アーリア人社会で尊敬されて安穏に一生を送れたと思えるのだが、いかなる事情があったのか、二〇歳の時に、彼は自分が継承した古代アーリア人の宗教に反旗を翻した。そして、家出して放浪の旅に出たらしい。古代アーリア人の牧畜社会の中では、出身部族を離れて単独で生きていくのは至難の業だったはずだが、ザラスシュトラはあちらの部族からこちらの部族へと渡り歩いて糊口《ここう》をしのいでいたようである。後世の伝承によれば、彼の宗教的主張のせいで至るところで紛争を巻き起こし、在来の古代アーリア人の宗教の神官階級から忌避されて一所不住の生活を送らざるを得なかったのだという。

カウィ・ウィーシュタースパとの邂逅

放浪生活を送っていたザラスシュトラは、従兄のマドヨーイモーンハしか信者にできない弱小教祖だったが、四二歳の折に、たまたまナオタラ族の王カウィ・ウィーシュタースパと出会ってから運が開けた。ザラスシュトラの何がそんなにカウィ・ウィーシュタースパにアピールしたのかは不明だが、もしかすると、宗教的なメッセージというよりも、彼の呪術的な能力——例えば、雨乞いの祈禱をしたら途端に雨が降ったとか——が大きく作用したのかも知れない。伝承によれば、それまでカウィ・ウィーシュタースパに仕えていた古代アーリア人の宗教の神官たちは追放され、ザラスシュトラが王の専属神官の地位を得たようである。

その後、ザラスシュトラは一躍宮廷政治家のような活躍を見せ始める。カウィ・ウィーシュタースパ王の信任篤い宰相フラシャオシュトラの娘を後妻に娶《めと》り、ついで、フラシャオシュトラの弟ジャーマースパに三女ポルチスターを嫁がせた。あからさまな政略結婚だが、これでザラスシュトラの権力基盤は固まり、彼の宗教思想を広める世俗的な基礎が築かれた。周辺の古代アーリア人部族は、ナオタラ族が妙な新興宗教に改宗したのを遺憾として何度か軍事的に侵攻してきたが、そのたびにカウィ・ウィーシュタースパは多大の犠牲を払って敵を撃退し、ザラスシュトラの教えの正しさを証したとされる。

ザラスシュトラの死去

ザラスシュトラの死去については、ほとんど何も分かっていない。はるか後世の伝承によっては、礼拝中に短刀で暗殺されたことになっている。しかし、これは、彼の人生に悲劇的な要素を付け加えようとする後世の作為かもしれない。あるいは、ザラスシュトラの奇妙な宗教改革に激怒した周辺の古代アーリア人の宗教の神官が、本当に教祖を襲って殺害したのかも知れない。彼は、当時の科学の常識（つまり、神々への呪術）から政治体制（自分が王の専属神官になって独自の教義を宣布した）までをラディカルに覆したので、恨みを買う要素は充分にあった。

いかなる形であったにせよ、ザラスシュトラの死去は、教団組織自体にはダメージを与えなかったようである。教祖死去の段階では原始教団の基礎は相当固まっていたらしく、娘婿のジャーマースパが教団の指導権を引き継ぎ、特に離反者を出すこともなかった。おそらく、カウィ・ウィーシュタースパのナオタラ部族国家と表裏一体の関係にあり、部族国家が動揺しない限りは原始教団も安泰だったのだと思われる。しかし、教義的な面では、急進的だった教祖の路線がかなり改められて、周辺の古代アーリア人の宗教への妥協を図った。次節で解説するように、ザラスシュトラ・スピターマの啓示は、より多神教的な方向へ修正されたのである。

2. アーリア人の神々の二元論的再編成

教祖直伝の呪文

ザラスシュトラは、伝統的な古代アーリア人の宗教の呪文の他に、自ら韻文《いんぶん》の呪文「ガーサー」を詠んだ。原始教団の中核的呪術儀礼「ヤスナ」の中では、このザラスシュトラ作成の呪文こそ、最も霊力が高く、一連の儀式の中心で朗唱されるべき聖呪《せいじゅ》とされた。もし、ザラスシュトラ本人が、古代アーリア人伝統の呪文よりも自分が考案した「ガーサー」の方が霊験あらたかであると主張してこのような改変を行ったのだとすれば、彼の自意識の強さは相当のものである。また、原始教団以外の神官階級は、依然としてザラスシュトラに排斥された伝統的な呪文の数々を信奉していたであろうから、彼らからの反発も必至だった。

善なる神々と悪魔たちの創出

ザラスシュトラはきわめて独創性の強い人物だったらしく、古代アーリア人の多神教の中で崇められていた諸神格の一つを選んで自分の啓示を仮託するということはなく、新たに「アフラ・マズダー(叡智の主)」という神格を創案した(ただし、教祖の段階では、二語が逆転して「マズダー・アフラ」と称されたり、文中で二語が切り離されて「マズダー……アフラ」とか、「アフラ……マズダー」などと表記されており、必ずしも「アフラ・マズダー」で固定化されていた訳ではない)。そして、他の伝統的な神格にとっては迷惑なことに、教祖は、このアフラ・マズダーだけが崇拝に値すると主張した。

さらにザラスシュトラは、このアフラ・マズダーの下には、この世に善を広めるために、六つの「不死の聖霊」たちが存在すると考えた。この「不死の聖霊」の解釈は難解で、アフラ・マズダーの

（6 大天使 =6 大アメシャ・スペンタ）
ウォフ・マナフ（善思）
アシャ・ワヒシュタ（天則）
クシャスラ・ワルヤ（善の王国）

アフラ・マズダー（叡智の主）

アールマティ（敬虔）
ハルワタート（完璧）
アムルタート（不死）
↑
敵対関係
↓
（6 大悪魔）
アカ・マナフ（悪思）
ドゥルジ（虚偽）
サルヴァ（悪の王国）

アンラ・マンユ（大悪魔）

タローマティ（背教）
タルウィー（熱）
ザリチャ（油）

図表4：善なる神々と悪魔たち

性格の一側面を具現化した表象に過ぎないとする理解もあれば、アフラ・マズダーが地上に介入する際に手助けをする天使とする理解や、完全に独立した神格であるとする理解もあり、今となっては正確なところは分からない。

ザラスシュトラは、自意識が強くて独創的な上に、几帳面な性格でもあったらしく、これらの善神と六大天使を考案した後、それらに対応する大悪魔や六大悪魔についてもきちんと述べている。といっても、古代アーリア人の諸神格の中で、自然現象を神格化したタイプの神々を、軒並み悪魔の地位に叩き落しただけのことで、乱暴といえば乱暴な宗教改革であった。

おそらく、この世の悪——暴力、貧困、虚偽、破壊など——に対する憤りが先にあって、それらを表象する記号として、たまたまザラスシュトラにとってあまり印象の良くなかった古代アーリア人の宗教の神格が使用されただけかも知れない。だとすれば、放浪時代のザラスシュトラの不遇感と粗野な神格整理が、これらの元神々である悪魔たちを創出する原動力になったともいえる。

このように善神と悪魔たちを設定した時点で、ザラスシュトラの思想――善悪二元論――の大枠は固まった。その善神と大悪魔の対立の様子を図示すると、図表4のようになる。

古代アーリア人の神々の転落と復権

このザラスシュトラの独創性と几帳面さにあふれる宗教改革によって、多くの古代アーリア人の神格が弊履《へいり》のごとく捨て去られていった。中でも、最も被害を蒙った神格は、おそらくミスラ神である。図表3に示したように、イラン高原の古代アーリア人の神官階級の神格としてはミスラ神が最も尊崇を集めていたと推測されるので、神官階級の宗教が一神教的な方向で収斂《しゅうれん》していくとしたら、ミスラ神が最高神の最有力候補であった。

しかるに、伝統的な古代アーリア人のパンテオンには存在していなかったはずの「アフラ・マズダー」なる神が突如としてザラスシュトラの脳裏に閃《ひらめ》き、しかも彼の教えが広まっていくにつれ、この新来の神は次第にミスラ神を凌《しの》ぐ尊崇を獲得していったのである。それでも、あくまで伝統的なミスラ神に固執する古代アーリア人の神官は相当数に上ったであろうし、後世の東西の諸宗教に及ぼしたミスラ神の影響力からも、その推測は裏づけられる。どうやっても撲滅できない以上、ミスラ神は、ゾロアスター教のパンテオンに懐柔するしかない神格だった。

また、この他にも、戦士階級の神ウルスラグナや、河川の女神アナーヒターなども、イラン高原上に戦士階級や河川が存在している以上、いつかは復活させざるを得なかった。ザラスシュトラ本人は自意識過剰で独創的で几帳面な上に頑固でもあったようで、生前にはこれらの諸神格の復権を認めようとはしなかった。しかし、彼の後継者たち――多分、政治家出身のジャーマースパなど――は、自らの教団が置かれていた状況を正確に認識していた。彼らが古代アーリア人の間に教線を拡大しようとするなら、古代アーリア人の多神教に妥協せざるを得ないこと、妥協しなかったら、ザラスシュトラの教えは少数の原理主義的なグループの範囲にとどまることは明白だった。そこで、揺り戻しが始まる。

ザラスシュトラの後継者たちは、教祖の二元論を破壊せずに古代アーリア人の多神教に妥協する方途を模索していた。そして、ついに画期的な解決方法に到達した。古代アーリア人の諸神格に、かなりの独自性と機能を認め、それぞれに捧げる伝統的呪文を容認するのである。しかし、二元論的世界観の中では、それらは、善神や六大天使たちの下位神格としてしか認めない。この方法によれば、古代アーリア人の諸神格や伝統的な神官階級に多少の不満は残るであろうが、ともかくも二元論の枠組みは守られ、原始ゾロアスター教教団と古代アーリア人の宗教の間に妥協が成立する。

こうして、「ガーサー」を中心とするゾロアスター教に固有の「ヤスナ」祭式の他に、古代アーリア人の多神教の要素を大量に盛り込んだ「ヤシュト」が成立した。それらは、現存『アヴェスター』の中の「ヤシュト」全二一巻を構成している。たとえば、その中の第五巻はアナーヒターに捧げられ、ゾロアスター教の中で水の女神に対する信仰が復権した（ちなみに、三世紀にサーサーン王朝を興したペルシア州のサーサーン家は、元来はイラン西南部スタフルの神殿でアナーヒター女神を祀る神官家系だった）。また、第一〇巻では、伝統的なミスラ神が復活し、教義上ではかろうじてアフラ・マズダーの下位にいるものの、アフラ・マズダーと同じ「全能者」の称号を許されるなど、あいかわらず古

ヤシュト巻数	讃歌を捧げられる神格	神格の機能（—は、ザラスシュトラによって認められていた神格）
1	アフラ・マズダー	—
2	6大天使	—
3	アシャ・ワヒシュタ	—
4	ハルワタート	—
5	アルドウィー・スーラー・アナーヒター	水の女神で、犠牲を捧げると豊穣を約束する
6	太陽	太陽の擬人化
7	月	月の擬人化
8	ティシュトリヤ	降雨を司る神で、旱魃の悪魔アパオシャを駆逐する
9	ドルワースパー	馬の健康を司る女神
10	ミスラ	契約の神、太陽の神
11	スラオシャとラシュヌ	ミスラの陪神
12	スラオシャとラシュヌ	ミスラの陪神
13	諸フラワシ	原始教団の故人の霊魂。別名「信徒過去帳」
14	ウルスラグナ	勝利の神、戦士階級の神
15	ヴァーユ	風の神。半分は善をなすが、半分は悪をなす。二元論的にははっきりしない自然神
16	チシュター	ザラスシュトラの教えに内在する叡智の神
17	アシ・ワンフイー	篤信の信徒の家に幸運を齎す女神
18	アルヤナ・ワレナフ	アーリア人の栄光の擬人化
19	ザムヤード	大地の神への讃歌だが、実際にはアーリア人の支配権の象徴フワルナフ（光輪）の歴史
20	ハオマ	ハオマ草の擬人化
21	ワナント	星辰の神

図表5：神々の復権——多神教への妥協

代アーリア人たちの熱心な崇拝を集めていた。

この他、戦士階級の守護神ヴァーユやウルスラグナも着々と復権し、古代アーリア人の間に一般的だった自然崇拝——大地、火、水、風など——も息を吹き返した。そして、それとともに、古代アーリア人の宗教と妥協後のゾロアスター教の区別は、かなり曖昧になっていった。

個人の選択

このような天上界の争い——要するに、古代の神格をどう整理するかという神官同士の争い——とは別に、ザラスシュトラは、多神教の呪術的な世界観の中にあった古代アーリア人に対して、倫理的な選択を迫る教えを説いた。この世は善と悪の闘争の舞台であり、そこに生まれた人間は、善と悪のどちらかを選択して、この闘争に参加する義務があるというのである。客観的に見て、自分は悪であると称するニヒルな人間は多くはないので、大抵の場合、この選択の答えはあらかじめわかりきっていた。
そして、いったん善を選んだ人間は、善の戦士の象徴である白色聖紐《せいちゅう》（クスティーグ）を腰に締め、アフラ・マズダー（の教えを受けたと称するザラスシュトラ）が命じる善行に邁進《まいしん》しなくてはならないとされた。しかし、ゾロアスター教神官団の考える「善行」は、後にイラン高原上の雑多な習慣——特に、イラン高原西部で勢力を持っていたマゴス神官団の習慣——を大量に取り込んだので、かなり奇妙なものに変質していった。たとえば、アーリア民族の血の純潔を維持するために、結婚はなるべく近親者同士で行うのが望ましいとされた。とすると、最も奨励されるべきは、兄妹・姉弟間での婚姻で、その次に従兄妹・従姉弟間の婚姻が来る。「善」を選択してしまったゾロアスター教徒たちは、善の増進のために、生物学的には決して好ましからぬ最近親婚にはげんだ。また、ゾロアスター教徒は、犬は善なる創造物で、カエルは悪なる創造物であると教えられた。このために、忠実なゾロアスター教徒たる者は、毎月カエルを殺す日を設け、熱心にカエルを探し出して叩き潰さねばならないことになった。

以上、高尚な倫理的問いかけと実際の宗教的義務の間にはかなりの隔たりがあるように感じられるのだが、ともかくもザラスシュトラ・スピターマの教えは、世界宗教史上初の倫理宗教としての色彩を帯びた。これによって、ゾロアスター教は、判断基準には非常に土俗的な要素を含みながら、善と悪を峻別する宗教として古代アーリア人の間に広まっていった。

死後の世界

ザラスシュトラは、死後の審判は二つに分かれて発生すると考えた。個人の死と世界の終末である。もっとも、ザラスシュトラ本人の意識の中では、世界の終末も直近の出来事と予想されていたので、個人の死と世界の終末の間にはそれほど時間的な隔たりはないはずであった。

個人の死は、善なる生命が悪に対する闘争に敗北した結果である（とすると、大多数の人間にとって、悪に敗北するのは避けられない）。しかして、死者の肉体は滅ぶが、霊魂は死後四日目に死者の枕《ちん》頭《とう》から去って天界へと赴くことになる。この際、生者の側では、死後三日めまでは悪魔祓いの呪文を唱えて死者の霊魂を悪の勢力から守護し、無事に天界へ送り出す義務がある。その後、敗北の象徴で

イラン・ペルシア州のナクシェ・ロスタムの山頂の死体曝し台に横たわる著者。

ある穢《けが》れた肉体を太陽光線に曝《さら》すなり、禿鷹《はげたか》に喰わせるなりして処理する。この際、骨だけは処理しきれないので、充分に乾燥させた後に、断崖絶壁に掘られた横穴（ダフマ）に放り込む。古代アーリア人の自然崇拝観念に従えば、これこそ、自然を汚すことの最も少ない葬儀方式――いわゆる曝葬――である。

他方、死者の霊魂は、天界へ赴く途中で、生前の善行・悪行を量る「チンワトの橋」を渡らなくてはならない。もしも善行が多ければ、チンワトの橋は広がって悠々と天界へ達することができるが、もしも悪行が多ければ、チンワトの橋は狭まって、死者の霊魂はまっ逆さまに地獄へ堕ちていくことになる。これで、人間個々人の審判は完了する。

さらに、二元論的世界観が善悪の最終決着を要請するところから、全人類を巻き込んだ「世界の終末」も、より大規模に生起することになっている。地上の最後の日に、地底から溶岩が噴出し、全人類はその中に巻き込まれる。その時、善人には溶岩がミルクのように感じられ、悪人には溶岩が耐えがたい熱さに感じられるとされる。これは、どうやら、古代アーリア人の間で実行されていた、溶岩を胸に注ぐ神判を参考にした描写らしく、少なくとも古代アーリア人の間では、善人には褒賞が支払われ、悪人には刑罰が科せられるという迫真胸に迫る宗教的イメージをともなっていた。その後、善の最終的な勝利と悪の無力化が達成され、世界は完全な善に包まれて、至福の時を迎えるとされる。

スィーラーフのダフマの一つ。今でも、ゾロアスター教徒の遺骨が内部に残っている。ダフマ内部で1000年以上前の遺骨（まさか、最近行方不明になった人の遺骨ではあるまい）が見つかるのは、非常に珍しい。p.21の全景写真も参照。

救世主思想

しかし、ザラスシュトラにとっては明日にでも起こると予感されていた世界の終末は、現実には、待てど暮らせど起こりそうになかった。そのうちに、ザラスシュトラは物故し、直弟子世代も死去すると、はたしていつまで待てば世界の終末が訪れるのか、その時に信者たちを指導してくれるのは誰なのかが、深刻な問題として浮上してきた。

そこで、後代の神官たちが知恵を絞った結果、将来、保存されていたザラスシュトラの精子によって妊娠した処女から生まれたサオシュヤントが、世の終わりに救世主として出現し、悪を滅して至福をもたらすとの神学が生み出された。この思想自体は、教祖が予言した「世界の終末」がいつになっても起きず、未来においてそれを指導する超人的な個人を設定して言い逃れるという苦し紛れであったが、世界の宗教史上に与えた影響は計り知れなかった。東方では、大乗仏教の未来仏信仰に影響したとされ（後述）、西方では、ユダヤ教・キリスト教のメシア思想の成立を促したと言われている。

以上のように、ザラスシュトラが二元論的世界観を提出したあと、そこから誘爆するようにして、一種の辻褄合わせである「世界の終末」思想や「救世主」思想が形成された。しかし、成立の由来はどうであれ、すべての思想が出揃って円環が閉じられると、ゾロアスター教は一個の完成された宗教体系としての風格を具《そな》えるに至った。古代アーリア人の宗教内部の神格整理に端を発したザラスシュトラの改革は、当人自身でさえ思い及ばなかったような形で、世界宗教史上に巨大な足跡を残す斬新な思想を練り上げたのである。

3．白魔術としてのゾロアスター教儀式

ゾロアスター教呪術儀礼の四分類

ザラスシュトラのラディカルな宗教改革とは別に、ゾロアスター教は、祭式儀礼の面ではイラン高原の古代アーリア人の呪術を濃厚に受け継いでいた。それらを目的別に分類すると、以下の四種類に分けられる。

第一に、ハオマ草の樹液を絞って、聖火の前でアフラ・マズダーに捧げるヤスナ祭式。
第二に、悪の勢力から身を守る一連の浄化儀礼。
第三に、古代アーリア人の間で一般的だった人生上の通過儀礼。
第四に、古代アーリア人の間で一般的だった年中行事。

本書では、これらすべての呪術儀礼について詳述するスペースはない。また、仮にそうしたら、煩《はん》雑《ざつ》読むに耐えない書物になると思う。以下では、各分類の中で代表的な呪術儀礼を取り上げて、ゾロアスター教儀礼の特徴を摑みたい[7]。

① ヤスナ祭式

この祭式は、聖火の御前で、人間からアフラ・マズダーにハオマ草（インド亜大陸で云うソーマ草）の樹液を捧げることを目的としている。その権威は神聖不可侵なので、ゾロアスター教神官の最高位「ダストゥール」の位をきわめたものでなくては執行を許されていない。中級・下級の神官がこれを実行してはならず、まして神官階級以外のゾロアスター教徒はその現場を見ることすら叶わない。

この祭式の執行には、所作を実践する主神官と、呪文を唱える副神官の二名の神官が必要である。主神官は、拝火神殿の中に、ヤスナ祭式用の結界（ヤザシュナ・ガーフ）を張り、その中で聖火を中心に副神官と差し向かいで座る。彼の前には、ハオマ草、金属製の乳鉢（ハーヴァニーム）、乳棒（ラーラー）、バルスマンの小枝、それを載せる三日月型の台（マーフ・ルーイ）などが、あらかじめ準備されている。一見すると、ハオマを絞る目的とは何の関係もなさそうなバルスマンの小枝は、植物的

ヤスナ祭式用の祭具。中央と右の2つが拝火壇。そこに、聖火の世話をする棒やハオマを絞る器具が無造作に突っ込んである。インド・グジャラート州スーラトの拝火神殿にて。

創造物への敬意を表すために必須で、祭式の執行中、主神官はその小枝の束を左手に持ち続けなくてはならない。ちなみに、この小枝の数は儀式のランクによって細かく定められており、ヤスナ祭式では三三枝、ウィーデーウダード祭式では三五枝、ヴァージュ祭式では五枝が必要とされる。インド亜大陸のヒンドゥー教徒もバルヒスの名で同じような祭式用の小枝を用いるので、その起源は古く、古代アーリア人共通の宗教儀礼までさかのぼるはずである。

ヤスナ祭式は、主神官が、三日月型の台上に集められたバルスマンの小枝を集めて結んで左手に持つところから始まる。次に、彼は、聖なる白牛の尻尾の毛（ワラス）を三本抜くと、それで環を作る。さらに、犠牲の牛を屠《ほふ》って神々に捧げると、これでハオマ草を絞る準備完了である。さすがに、ここまでの過程を意味不明と思ったサーサーン王朝時代のゾロアスター教神官団は、それぞれの行為に荘重な象徴的意味を付与した。その解釈学は、日本人としては、密教の象徴的儀礼を想像して頂ければわかりやすい。要するに、時代に合わなくなった古代アーリア人の儀式を、何とか有意味的なものに仕立て上げようとしたゾロアスター教神官団の神学なので、ここではその象徴的理解は割愛する。

ヤスナ祭式用のワラス（白牛の尻尾の毛）を採取するための神聖な牛。近所のゾロアスター教徒が毎日熱心に世話している。インド・グジャラート州スーラトの拝火神殿にて。

これらの準備の後、主神官はおもむろに乳鉢にハオマ草を入れ、乳棒でガリガリとそれを擂《す》り潰す。そして、得られたハオマ草の樹液を聖火にかざして、神に捧げるかと思いきや、一転して自分自身でこれを飲み干すのである。このハオマ草がもともとは何であったのか、現在では分からない。イラン高原とインド亜大陸のアーリア人に共通する「聖なる植物」である以上、中央アジア産の植物とは想定されているものの、実態に関する記憶は失われている。現代のゾロアスター教徒は、シダ植物で代用している。一説では、実際のハオマ草は強い酩酊作用を持つ麻薬で、古代アーリア人神官はこれを服用して恍惚状態の中で神託を受けたのだと言われている。ちなみに、スウェーデンの古代イラン学者ニーベルクは、「ザラスシュトラは、麻薬でラリッた状態でアフラ・マズダーを思いついたシャーマニズムの親玉である」との仮説を立て、パールスィー（現代のゾロアスター教徒。後述）の激怒を買った。

ともかく、このように主神官がハオマの樹液を絞って飲み、神を讃えている間、副神官は滞りなく所定の呪文を唱え、その結界を悪霊から守護し、ハオマ液を無事にアフラ・マズダーのもとへ送り届ける手助けをしなくてはならない。両者の所作と呪文の対応は複雑なので、以下の図表6にまとめてみよう。

この祭式が何故そのように崇高なものかと言えば、これを構成する二つの部分、

①祭式の所作

②祭式の際に朗唱される一連の呪文

が、いずれも最高の宗教的伝統に由来するところに理由がある。前者は、古代アーリア人がイラン高原とインド亜大陸に分化する以前から尊重されていた祭式で、ハオマ草の樹液を聖火にくべて神に捧げ、牛の犠牲を供する宗教儀式を継承している。後者は、ザラスシュトラ直伝の呪文である「ガーサー」と、それに関係する散文・韻文である。

従って、ヤスナ祭式が、古代アーリア人の伝統的儀式とザラスシュトラの原始教団の呪文を融合さ

段階	実行する所作（主神官）	唱える呪文（副神官）
1	聖別された水とバルソムの聖枝の準備	ヤスナ祭式開始の聖呪
2	神々に聖餐（犠牲獣の肉。後にパンで代用）を捧げる	聖餐を捧げる神格に対する聖呪
3	ハオマ草を搗いて搾って服用する	ハオマ草に関する聖呪
4	聖別された水と牛乳を服用する	信仰告白の３大聖呪
5	祭式器具の整備	信仰告白の３大聖呪に対する注釈の聖呪
6	再びハオマ草を搗いて搾るが、服用はしない	フラワシを呼び出す聖呪と信仰告白の３大聖呪の第１聖呪
7	—	ガーサーの前半部分 +7 章ヤスナ + ガーサーの後半部分
8	—	スラオシャへの聖呪
9	—	善なる者の家への祝福の聖呪
10	聖火にハオマ草の絞り汁を捧げる	聖火に捧げる聖呪
11	聖別された水、ハオマ草の絞り汁、牛乳を混ぜてバルソムの聖枝に注ぐ	聖別された水に捧げる聖呪
12	聖別された水を井戸に戻す	アフラ・マズダーの善なる創造物に捧げる聖呪

図表6：ヤスナ祭式の12段階

せた至高の呪術と目されるのも当然なのだが、ここに問題がある。つまり、双方の伝統で最高の価値を持つもの同士を繋ぎ合わせる発想は良かったけれど、これを考案した天才的神官は、ザラスシュトラの呪文の内容には詳しくなかったらしく、所作と呪文の間に何の有機的関係もないのである。例えば、図表6の第六段階では、主神官がハオマを搗《つ》いて樹液を搾《しぼ》り出している間に、副神官はなぜか先祖霊を呼び出して信仰告白している。また、第一二段階では、主神官が祭式の後始末をしている間に、副神官はアフラ・マズダーの善なる創造物を讃える始末である。

「ガーサー」は、かなり早い段階で意味内容が理解不能になって、単なる呪文として活用されていたので、この内的関連の欠如には長い間気づかれなかった。しかし、一九世紀以降にヨーロッパで近代的なゾロアスター教研究が隆盛に向かうと、次第に「ガーサー」も解読され、神官たちが頭を悩ます事態に立ち至った。だが、三〇〇〇年間も継続してきた伝統をいまさら改める訳にもいかないらしく、彼らは、「ザラスシュトラの呪文は、その内容よりも、それを音声として発する時の空気のバイブレーションに、聖なる結界を作り出す効果があるのだ」などの理論を考案して、現在でもこの形でヤスナ祭式を実践している。

② 浄化儀礼

ゾロアスター教の儀礼は、善悪二元論をベースにしたものが多い。その中でも、善の力を用いて積極的に悪を攻撃するタイプのものはほとんどなく、たいていの場合、身辺に付着した悪の汚れ——例えば、切った後の爪、刈った後の頭髪、生理中の女性、犬の死体など——を、善の力によって浄化するという防御的な呪術の範囲に留まる。この点で、ゾロアスター教の呪術は、善の側からの積極的な攻撃を可能にするインド亜大陸のアーリア人の呪術や、悪の力さえもコントロールして人間の目的を達しようとするヨーロッパの黒魔術と比べてずいぶんおとなしく、受け身の印象がある。どんなにランクの高いゾロアスター教聖火といえども、悪の攻撃から周辺を防御する結界を張る能力があるだけで、決して悪を撃滅する効用を期待されている訳ではない。ちなみに、現在のイラン高原のアーリア人——セム系のアラブ人やウラル・アルタイ系のテュルク人と大分混ざっているが——に被害者意識が強いのも、遠因をたどれば、先祖が実行していたこの専守防衛の呪術に原因があるのかも知れない。

このゾロアスター教浄化儀礼には、初歩段階から最高段階まで、大きく分けて下記の三つのランクがある。

・パードヤーブ：基本的に毎日行うべき浄化儀礼
・ナーフン：年中行事の際など、限られた時節に行う浄化儀礼
・バラシュヌーム：必要不可欠な特別の場合に行う浄化儀礼

以下で紹介するのは、ゾロアスター教浄化儀礼の中でも最も煩瑣にして最も浄化力が強いとされる最高位の「バラシュヌーム」である。これは、ゾロアスター教徒が、最も忌むべき汚れ――善人の死体など――に触れた時に、その汚れを除くために実行される。この浄化を経ないと、いったん穢れた彼／彼女は、再びゾロアスター教徒と会ったり、聖火に近づいたりできない。

これを受けるゾロアスター教徒は、まず、九日九晩の時間と、執行してくれる正副二名の神官（バラシュヌーム・ワーラー）と、バラシュヌーム・ガーフと言われる特別の結界を準備しなくてはならない。その結界の中にあらかじめ九つの穴を掘っておいた後、彼／彼女は、全裸になって最初の穴に潜る。すると、進行役の主神官が、大地の女神アールマティへの呪文を唱えつつ、先端にスプーンが付いた九節の棒（ナオーガレ）でもって、彼／彼女の頭から牛の尿（ニーラング）を振りかける。これは現代から見れば異様な光景だが、ゾロアスター教の教義では、牛の尿以上に高貴な液体は存在していない。この儀式の背景には、古代アーリア人が中央アジアで牧畜生活を送っていたころの生活習慣がある。太古の中央アジアでは、衛生作用のある液体はアンモニアしか考えられず、それゆえに牛の

尿が重要視された。ニーラングを頭からかぶる行為は、決して未開宗教の奇態な風習と捉えるべきではなく、三〇〇〇年以上昔のアーリア人の生活習慣を頑固に守ってきたゾロアスター教の保守性・継続性の象徴と解すべきである。

ともかく、彼／彼女は、頭に振りかけられた牛の尿を用いて、穴の中で頭→上半身→下半身の順で、全身を丁寧に洗わなくてはならない。その後、穴から這い出て、副神官が連れてくる浄めの犬に触れ、第一の穴での浄化が完了する。犬に触れて浄化作用の一段落とみなす行為も、牧畜生活を送っていたころの古代アーリア人の習慣の継承と考えられる。牧畜生活にあっては、犬は人間の生活と密着しており、牛や羊の世話に欠かせない存在だった。区切り区切りに犬が登場するのは、古代アーリア人にとって自然な生活感情だったはずで、決して、民族丸ごとで猫が嫌いで犬が好きというような単純な好悪から発した儀式ではない（ちなみに、都市型の宗教であるイスラームでは、ゾロアスター教とは正反対に、猫を尊重して犬を蔑視する）。

こうして、彼／彼女は、第一の穴から第六の穴までは、同一のプロセスを繰り返す。当然、全身が牛の尿まみれになっている。この後、いったん地上に出て、頭から砂をかぶってから全身を乾かす。それから、また第七から第九の穴に順に潜り、これらの穴では頭から真水をかぶる。その後、ようやく穴の中から地上に現れることを許される。ここでやっと衣服を着用し、バラシュヌーム・ガーフから出られるのだが、儀式はこれで終わりではない。

彼／彼女は、今度は、拝火神殿の中に特別に用意された部屋（ナーン・ハーネ）で、九日九晩の間、お籠もりの行（ナーン）に入らなくてはならない。この間、他者との接触は許されず、食物を素手で持つことさえ禁じられる。食事は、手袋を着用した上にスプーンを用いて食べることを要求される。また、四六時中——睡眠中も——ゾロアスター教の呪文を朗唱せねばならない。こうして九日九晩を過ごした後、儀礼的な浄めの水（ナヴシュ）を浴びて、ようやくバラシュヌームは終了する。これで、彼／彼女は、ゾロアスター教的には完全に清浄で純粋無垢な状態に立ち戻ったとされる。

以上が、ゾロアスター教の代表的な浄化儀礼、バラシュヌームの全容である。現代人の目から見ればはなはだ不可解なものを汚れ＝悪の勢力の攻撃と捉え、それ以上に不可解なものを浄化物質＝善の勢力と考えていることが分かる。これ以下のランクのゾロアスター教の浄化儀礼も、基本的な発想は概ねこれに倣《なら》っており、実質的には、牧畜時代の古代アーリア人の宗教観念を色濃く反映している。

③ 通過儀礼

上記のヤスナ祭式や浄化儀礼と異なって、人生上の通過儀礼は、各文化圏でかなりの共通性がある。ゾロアスター教徒の通過儀礼には、大きく分けて以下の四種類がある。

・一五歳での成人式
・神官への叙任儀式
・男性三三歳・女性二五歳での結婚式
・葬式

このうち、神官への叙任儀式は、成人式や結婚式、葬式と比べて、ゾロアスター教の通過儀礼の特色が最も良く出ているので、以下では、これを取り上げて詳しく見ていきたい。なお、神官階級は、

現代のゾロアスター教神官。ムンバイ（ボンベイ）出身のパールスィー系神官が、イランに舞い戻って拝火神殿の管理を行っている。周囲のイスラーム教徒から蔑視されながら、ひたすら聖火を守護する姿には、感銘を受けた。イラン・ケルマーン州ケルマーンにて。

古代アーリア人の宗教生活の全般を指導する知的エリートであり、内部でさらに何段階かの職位がある。そして、階位が上がるごとに叙任儀式が必要なのだが、ここでは、①最初の叙任儀式ナーヴァルと、②拝火神殿内部での儀式執行が許される最後の叙任儀式マルタブの二つだけに絞る。

神官階級の家系に生まれた男性は、生まれながらにして神官になる権利を持っている。逆に、それ以外の階級に生まれた男性及びすべての女性は、神官になることはできない。また、この権利を使用する／しないは本人の自由だが、五世代の間行使しないと、神官階級としての特権はその家系から自動消滅し、戦士階級または庶民階級に強制編入される。

①ナーヴァル儀式：今、仮にある神官階級の子弟が神官への叙任を望んだとすると、その叙任候補者は、事前に神官学校に通い、多くのゾロアスター教呪文を暗記しなくてはならない（サーサーン王朝時代には、イラン高原各地に「ヘールベデスターン」という神官学校が存在していた。現代では、ムンバイ（ボンベイ）の「カーマ神官研究所」に専攻コースが

開設されている）。そのカリキュラムを修了した後で、神官叙任の試験兼儀式として、「ナーヴァル叙任儀式」を受ける。彼はまず、肉体を清めるために、上述のバラシュヌーム浄化儀礼を受ける。それに続けて、霊魂を清めるために、同一のバラシュヌーム儀礼をもう一回受ける。これで、ナーヴァル叙任儀礼を受ける準備が整ったとみなされる。次に、叙任儀礼はゲウラーと呼ばれる段階に移る。すなわち、二名の神官が六日間叙任候補者に付きそい、六回ヤスナ祭式を執行する儀式である。

これらが無事に終了すると、七日めの朝、ナーヴァル叙任儀式はクライマックスを迎える。叙任候補者は、全身白色の神官服を着用して、神官帽をかぶる。彼の両親（又は保護者）は、男女を問わず多くの友人を招いて、叙任式のお披露目をする。インド亜大陸に亡命したゾロアスター教徒の習慣では、叙任候補者は最高位のダストゥール級神官に付きそわれて町中を練り歩き、その後から男女の親戚友人が行進して拝火神殿に至る。そこで、彼はグルズと呼ばれる象徴的な短剣——古代アーリア人の伝統的な武具で、インド密教のヴァジラ、日本密教の金剛杵《こんごうしょ》に当たる——を手渡される。これによって、精神的な意味での悪を追い払い、善の普及に邁進せよとの意味である。その後、叙任候補者は全員の前で全裸になって、身体からの出血がないことを確認させる。出血は、悪の汚れの一つなので、このような儀式を無効化させてしまうのである。異常がなければ、そこに集まった先輩神官全員の同意の下で、彼の神官叙任が正式決定する。

この後、六日間の断食を経て、彼は「ヘールベド」と呼ばれる初級神官の資格を手に入れる。彼の経験は浅く、暗記した呪文は限られているので、悪の勢力との戦闘力は低いとみなされる。ヤスナ祭式やバラシュヌーム祭式のような高位の呪術は到底執行できず、日常の礼拝や初歩的な入信式、結婚式を司ることができるだけである。
②マルタブ儀式：このヘールベド神官が、より高級な呪術を執行する資格を得るために受けるのが、マルタブ叙任儀礼である。ごくごく初歩的な呪文の暗唱しか求められなかったナーヴァル叙任儀式とは異なり、今回は、ゾロアスター教のすべての呪文を暗唱し、儀式を正確に執行することを要求される。このため、マルタブ叙任儀式に合格するには、高位の神官の下で修行する長い準備期間が必要である。ちなみに、あまりにも修行の拘束期間が長く、かつ、全呪文の暗唱という目的にさっぱり意義を見出せなくなった現代のゾロアスター教神官の間では、マルタブ叙任を受けてダストゥール位まで進む例は稀になっている。

余談になるが、この「呪文の完璧な暗記」に対する強迫観念は、現代のアーリア人イスラーム教徒の間に濃厚に残っている。彼らの間では、何事も近世ペルシア語詩――イスラームに改宗した以上、古代アーリア人の呪文という訳にはいかず、詩で代用しているらしい――の暗唱で決着がつく。日本人がハーフェズ（一三八九年没。高名な近世ペルシア語詩人）の詩の一節など暗唱すると、大騒ぎになる。現代のゾロアスター教徒も同様で、縁もゆかりもない日本人がアヴェスターの一節を暗唱しようものなら、感極まって随喜《ずいき》の涙を流し、テープ・レコーダーに録音し始める。イラン高原のアーリア人の間では、ゾロアスター教徒であるとイスラーム教徒であるとを問わず、呪文――か詩――を暗唱するだけで、非常な知識人とみなされるようである。ちなみに、現代のインド亜大陸のヒンドゥー教徒は、異邦人が彼らの神聖な呪文を勝手に暗唱するのを極度に嫌うと聞いている。その任にあらぬ者が、彼らの神々の霊力を乱用していると映るのであろう。このように、同じ古代アーリア人の末流で暗記を重視するといえども、イラン高原とインド亜大陸では、異邦人に対する開放感にかなりの落差がある。

本論に戻ると、このマルタブ叙任儀式の内容自体は、ナーヴァル叙任儀式よりもはるかに簡単である。叙任候補者は、一〇日間のバラシュヌーム浄化儀礼を受けた後、一一日めにヤスナ祭式の暗唱、一二日めにウィーデーウダード儀礼の暗唱を行う。これらは、一応、ゾロアスター教の神格への敬意を示す儀式とされているが、随伴する高位の神官による試験の意味もあると考えられる。複雑で膨大なゾロアスター教の呪文をすべて暗唱できたら、叙任候補者は、晴れて高位のゾロアスター教神官「ダストゥール」の資格を得る。

④ 年中行事

ゾロアスター教の年中行事は、七大大祭と個別の神格への祭日に区分され、それぞれ、ゾロアスター教カレンダーに従って日取りが決定される。ゾロアスター教カレンダーでは、「一年＝一二ヵ月×三〇日＋余分な五日間」として計算しており、この中で、年間七大大祭は、

1. 一月一日（イラン暦は春分の日から始まる）から五日間の正月祭（ノウ・ルーズ）
2. 二月中旬の五日間の中春祭（マドヨーイ・ザルマヤ）
3. 四月中旬の五日間の初夏祭（マドヨーイ・シュマ）
4. 六月中旬の五日間の収穫祭（パティシャフヤ）
5. 七月中旬の五日間の中秋祭（アヤースリマ）

6．一〇月中旬の五日間の冬至祭（マドヤールヤ）
7．年末の「余分な五日間」の祖霊祭（ハマスパスマエーダヤ／フラヴァルデガーン）
と定められている。ゾロアスター教神学では、正月祭以外を「ガーハーンバールの六大大祭」と称し、六大天使に捧げられた祭日と解釈する。これらはおそらく、ゾロアスター教に固有の年中行事というよりは、イラン高原の古代アーリア人が太古の昔から祝ってきたアーリア的な祭礼の名残であって、後づけで神学的意義を付与したに過ぎないと思われる。

これらの大祭の他に、各神格に捧げられる日が別個に設けられている。ゾロアスター教カレンダーの月名と日名には、「ヤシュト」以後に復権した古代アーリア人の諸神格の名称が付けられている。このうち、月名と日名が一致する日――例えばミスラ月のミスラ日などで、年間合計一五日ある――は、その神格に捧げられた聖なる日とされているのである。

ここでは、これらの年中行事の代表例として、六大大祭の中の「祖霊祭」を取り上げたい。古代アーリア人社会は、血統によって区分される階級社会であったので、男系祖先の系譜に並々ならぬ注意を払った。また、彼らは、先祖の側でも同様に、天界で子孫の栄枯盛衰を見守り、子孫に危険が迫った場合には守護霊（フラワシ）として地上に舞い降りてくれるものと信じていた。ここに、祖霊祭が実行される思想的な基盤がある。ここで、「ゾロアスター教の教義上はとうに天国へ行っている善人が、どうやって地上に舞い戻ってくるのか？」とか、「地獄に堕ちた悪人の子孫は何に祈るのか？」といった疑問はタブーである。それらは、古代アーリア人の祖先崇拝とゾロアスター教の二元論的世界観が上手く折り合わなかった痕跡なので、外部の人間としては極力直接の指摘を控えなくてはならない。

毎年末になると、ゾロアスター教徒の家族は、家の中を花で飾り、その一門の過去帳（ナーム・グラハン）を取り出す。その中には、可能な限り、先祖の名前が記されている。そして、神官を招き、ヤシュト第一三巻を朗唱しつつ、過去帳に書き込まれた名前を没年の下る順からさかのぼって一人一人読み上げる。これが、その家の先祖で終わると思ってはならない。神官は、その家の過去帳が途切れた時点で、一気に原始教団の時代に飛び、延々と古代アーリア人の神話的人物の名前を呼び続けるのである。あたかも、日本のお盆の行事に先祖の名前を逐一朗唱し、さらには日本神話の登場人物に一人残らず言及するようなものである。従って、祖霊祭の儀式自体は非常に単純なのだが、呪文の朗唱と先祖の読み上げに途方もなく時間がかかる。

時あたかも、春分の日の直前の五日間である。名前を呼ばれて一堂に会した先祖たちは、各家庭で生きている人間と等しく春の訪れを祝い、新たな一年の始まりを言祝《ことほ》いで、元日の夜明け前に天界へ去っていく。これで、生きている人間にとっては、一年間の祖先の守護霊の加護が保証されたことになる。また、自分もいずれは天界へ召されるだろうが、こうやって義務を果たした以上、将来は自分も毎年この日に子孫たちに呼ばれてもてなされることを予感し、安心して新たな一年を迎えることができる。

ちなみに、このゾロアスター教儀礼は、日本の盂蘭《うら》盆《ぼん》とあまりにもよく似た現象なので、井《い》本英一《もとえいいち》氏、伊《い》藤義教《とうぎきょう》氏、岩本裕《いわもとゆたか》氏などの日本の古代イラン学者が、それぞれの角度から、盂蘭盆の起源ではないかとの説を提唱しておられる（後述）。

パールスィーの分裂

なお、肝心の「ゾロアスター教カレンダー」の計算方法が不明確なため、現代のゾロアスター教徒（パールスィー、後述）の間では年中行事の日取りが一致せず、しばしば深刻な紛争が起こっている。閏月《うるうづき》を挿入する時点をどこに求めるかで、各ゾロアスター教徒コミュニティーがまったく違う計算方法を取ったのである。

現代人にとっては、カレンダーの相違は単に換算の問題である。しかし、ゾロアスター教徒のメンタリティーにとっては、一大事と映っている。彼らが古代アーリア人以来受け継いできた呪術的世界観によれば、ある定まった日にその神格に捧げられるべき呪術を執行しないと、おおげさに言えば宇宙の進行を止めてしまうほどの障害を齎《もたら》す。また、先祖が帰って来るはずの祖霊祭に先祖を迎えなかったら、次の年以降は先祖の加護を受けられない。こうして、暦法の相違は、年中儀礼の日取りをどのように決定するかの相違に結びつき、ゾロアスター教徒の間では、生死を賭けるに値するほどの紛争の火種と化す。

現在のところ、これがゾロアスター教徒の最大の派閥形成要因であり、それぞれのカレンダーに従って、現代ゾロアスター教徒は、

・イラン高原系の伝統を重視するシャーハンシャーヒー派（皇帝派）
・インド亜大陸系の伝統を重視するカディーミー派（古式派）
・西欧のグレゴリウス暦に従うファスリー派（分離派）

に分かれている。カディーミー派が全体の八割を占めるが、数の上では二割弱に過ぎないシャーハンシャーヒー派にも有力な神官家系が多く、その勢力は侮れない。最後のファスリー派は、インド亜大陸の少数のインテリ層に支持者があるものの、実際にはほとんど用いられていない。

第三章 ゾロアスター教以外の古代アーリア人の諸宗教

1. イラン高原の古代アーリア人の諸宗教総説

多様な宗教的情況

紀元前一二〜紀元前九世紀ごろに、前記のような思想内容と宗教儀礼を持つ原始ゾロアスター教教団が組織された後、イラン高原のアーリア人が雪崩《なだれ》を打ってゾロアスター教に改宗していったわけではない。ゾロアスター教の概説書では、原始教団が順調に発展して勢力を拡大したかのように描かれるが、大局的に見れば、この段階では、イラン高原の古代アーリア人の諸宗教の中の極小部分に過ぎなかった。その後、徐々に発展していったと言っても、イラン高原のアーリア人の唯一の公認宗教の座を手に入れるのは、はるかに時代が下って紀元後三世紀のサーサーン王朝ペルシア帝国の成立を待たなくてはならない。換言すれば、原始教団成立から国教採用までの約一五〇〇年間、ゾロアスター教は、イラン高原の古代アーリア人の諸宗教の中のワン・オブ・ゼムに過ぎなかった。

このような認識を受けて、近年のゾロアスター教研究では、原始教団以外に、「古代アーリア人の諸宗教」を計算要素に入れ、ゾロアスター教研究に古代アーリア人の民族宗教研究としての奥行きを持たせる傾向が顕著なように感じられる。その手法としては、イラン高原の古代アーリア人以外の文献資料の逸文を蒐集するか、イラン高原上に今なお残っている古代アーリア人の宗教の残滓をフォークロアによって採取するかのいずれかが用いられる。そして、管見の及ぶ限りでは、先行研究が活用

言語	時代	地域
ギリシア語・ラテン語資料	ハカーマニシュ王朝～アルシャク王朝時代	イラン高原西部～メソポタミア平原～小アジア
サンスクリット語資料	アルシャク王朝時代～サーサーン王朝時代	イラン高原東部～インド亜大陸
アルメニア語資料	アルシャク王朝時代（文献は5世紀以降に成立）	アルメニア高原
コイン、図像	クシャーナ王朝時代	イラン高原東部～中央アジア
シリア語資料	サーサーン王朝時代	イラン高原西部～メソポタミア平原
アラビア語資料	サーサーン王朝崩壊から300年間	イラン高原西部～東部
漢文資料＋ソグド人遺跡からの出土品	魏晋南北朝時代～唐王朝時代	西域～華北
漢文資料	宋王朝時代	華北～江南
クルド語による現地での聞き取り調査＋クルド語資料	現代	イラン高原西部

図表7：外部資料とカバーする時代・地域

している古代アーリア人の宗教に関する外部資料とそれらがカバーする範囲は、図表7の一覧表にまとめることができる。

資料情況

本章は少々専門的になるが、以上のような外部資料に基づく近年の「古代アーリア人の諸宗教」研究の成果を概観しておこう。

①西欧では、ゾロアスター教の実像を探るために、少なくとも一六世紀から、ギリシア語・ラテン語資料における関連記述を研究していた。もちろん、それらの記述は、イラン高原西部でギリシア人やローマ人が観察した内容に依拠するもので、厳密に言えば、「ギリシア人やローマ人が、イラン高原西部の古代アーリア人の宗教思想を観察した記録」である。

それらの観察記録を網羅した最新の研究書

としては、アルベルト・ド・ヨンクがユトレヒト大学神学部に提出した博士論文、『マギの伝統：ギリシア語・ラテン語資料におけるゾロアスター教』、一九九七年がある[8]。

②古代インドのサンスクリット語文献中には、特異な太陽信仰カルトに関する記述がある。彼らをイラン高原からの移住者ととるか、インド亜大陸に土着の集団ととるかで、研究者の意見は分かれている。前者だとすれば、彼らは、アルシャク王朝（パルティア王国）時代にアーリア系サカ族がイラン高原からインド亜大陸に侵入したのにともない、イラン高原上のアーリア人の宗教集団がインドに流入した後裔だと考えられる。

この方面での代表的な研究成果としては、足利惇氏《あしかがあつうじ》が京都大学に提出した博士論文、『古代印度に於けるイラーン文化の影響に関する文献学的研究』、一九四九年と、そのダイジェスト版と見るべき「マガ婆羅門について」、一九七八年がある[9]。また、足利の論文とは別個に成立した研究として、ハインリヒ・フォン・シュティーテンクローンがミュンヒェン大学に提出した博士論文、『インドの太陽神官サーンバとシャーカドヴィーピーヤ・ブラーフマナ：インドの太陽カルトに関する文献批判的・宗教史的研究』、一九六六年がある[10]。

③イラン高原は、仏教がインド亜大陸から中央アジア・中国へ伝播する経路に当たる。そして、その伝播の過程で、イラン高原の古代アーリア人の宗教思想が仏教に影響したのではないかという説が根強く唱えられている。

しかし、この分野には文献資料が少なく、確実な学説は存在しない。一応の概説として、ロナルド・エメリックの辞書論文、「イラン系の人々の間の仏教　①イスラーム以前の時代」、一九九〇年がある[11]。また、日本では、井本英一氏の諸論文がある[12]。

④アルメニア高原に住まうアルメニア人は、インド・ヨーロッパ語族に属し、古代アーリア人の宗教の亜流を奉じていた。アルメニア語資料の中には、イラン高原のゾロアスター教とは別種の「アルメニア的ゾロアスター教」の痕跡をうかがうことができる。ただし、アルメニア王国は、四世紀には単性論派キリスト教を国教に定めて改宗したので、五世紀以降の単性論派アルメニア教会の記録の中から、四世紀以前の「アルメニア的ゾロアスター教」の痕跡を抽出する作業は、大変むずかしくなっている。

それらを網羅した最新の研究書としては、ジェームズ・ラッセルがロンドン大学ＳＯＡＳに提出した博士論文、『アルメニアのゾロアスター教』、一九八七年がある[13]。

⑤サーサーン王朝時代に東方シリア教会がペルシア帝国西部で布教活動を行うと、彼らによるシリア語殉教者列伝にも、ゾロアスター教神官に関する記述が見られるようになる。こちらは、サーサーン王朝時代のペルシア州の神官団がイラン高原全土に波及した状況を補う資料であり、大部分はキリスト教徒を迫害するステレオタイプなゾロアスター教神官像である。しかし、ゾロアスター教に関する固有名詞や職掌などの点で、貴重なデータを提供している。

ペルシア帝国におけるキリスト教徒迫害に関する網羅的な研究としては、ゲルノート・ヴィースナーの著書、『シャープール二世のキリスト教徒迫害に関する殉教者伝承について』、一九六七年がある[14]。また、ゾロアスター教との関係に焦点を絞った研究としては、アラン・ウィリアムスの論文、「ゾロアスター教とキリスト教」、二〇〇二年がある[15]。

⑥中国人学者や日本人学者は、二〇世紀初頭以来、漢文資料に依拠して、魏晋南北朝時代〜唐王朝時代に、中央アジアから来華したアーリア人の一派ソグド人が奉じる「ソグド的ゾロアスター教」の研究を行ってきた。近年の華北での土木開発の結果、ソグド人コロニーの遺跡が大量に発見されており、「ソグド的ゾロアスター教」研究は、彼らのレリーフや葬具などを手がかりとして、飛躍的な深化を遂げている。

代表的な研究としては、姜伯勤の著書、『中国祆教芸術史研究』、二〇〇四年や、林悟殊の著書、『中古三夷教弁証』、二〇〇五年がある[16]。

⑦華北に進出した「ソグド的ゾロアスター教」は、宋王朝の時代になると中国社会にすっかりなじんで、漢民族の土俗宗教化したらしい。漢文資料に、断片的ながらそれらの「宋代漢民族的ゾロアスター教」——すでに、ゾロアスター教と呼んで良いものかどうか不明だし、担い手もアーリア民族ではなく漢民族になっている——の実態がうかがえる。

それら漢文資料を蒐集した最新の研究書としては、張小貴が中山大学歴史系に提出した博士論文、『唐宋祆教的華化形態』、二〇〇六年と、彼の最新論文、「摩醯首羅与唐宋祆神」、二〇〇七年がある[17]。

⑧イラン高原西部のクルド人は、イラン高原のアーリア人ゾロアスター教徒たちがイスラームに改宗した後も、根強く彼ら固有の民間信仰を維持し続けた。後に、彼らの民間信仰はイスラームの中のスーフィズムと混合して、独特のヤズィード教を創出している。クルド人もインド・ヨーロッパ語族であり、彼らの原始信仰は古代アーリア人の宗教の一亜種である。そこで、ヤズィード教からクルド人

の原始信仰を抽出し、それによって古代アーリア人の宗教のプロトタイプを推測する研究が成立している。

現地でのクルド人への聞き取り調査とクルド語資料からヤズィード教を研究した代表的成果として、フィリップ・クレーイェンブルックの著書、『イェズィード教：その背景、観察、書物伝統』、一九九五年と、そのダイジェスト版と見るべき「古代起源の現代の教団：クルディスターンのイェズィード教とアフレ・ハック」、二〇〇二年がある[18]。

⑨上述のクルド人の中で、スーフィズムと結びついた一派はヤズィード教を創出した。しかし、この他に過激シーア派イスラームと結びついた一派もあり、彼らはアフレ・ハックと呼ばれる教団を形成している。研究者が、イスラーム化した現代クルド人の信仰から古代クルド人の宗教を類推し、そこから古代アーリア人の宗教まで追究する場合には、ヤズィード教とともにこのアフレ・ハックをも資料として活用するのが常である。

最新のアフレ・ハック研究としては、ミール＝ホセイニーの論文、「アフレ・ハックの信仰、儀式、文化」、一九九六年がある[19]。

本章では、紙数の都合で、これら古代アーリア人の諸宗教のすべてを紹介することはできない。そこで、以上のようなイラン高原のアーリア人の多様な末裔たちのうち、イラン高原以東については、②「インド亜大陸に進出したイラン高原のアーリア人の宗教」と③「大乗仏教に影響したアーリア人の宗教」に絞り、イラン高原以西については、④「アルメニア的ゾロアスター教」、⑧「ヤズィード教」に限って解説したい。選に漏れた宗教も、古代アーリア人の宗教史上の重要性において決してこれらに劣る訳ではなく、非常に興味深い内容を持つ。

2. インド亜大陸に進出したイラン高原のアーリア人の宗教

ハカーマニシュ王朝ペルシア帝国領「ヒンドゥシュ」と「パルサヴァ」族

インド亜大陸に進出したイラン系アーリア人の宗教について述べるためには、時間を少々巻き戻さなくてはならない。紀元前二〇〇〇年ごろにイラン高原とインド亜大陸に分岐した東方系アーリア人は、その後も、気候風土の条件に劣るイラン高原上のアーリア人が、豊穣なインド亜大陸を目指す形での接触を続けた（ちなみに、現在のインド亜大陸で最もアーリア人らしい形質を残しているのは、紀元前一五〇〇年ごろに第一波として侵入したインド系アーリア人ではなく——彼らは、早い段階で土着のドラヴィダ人と混血していった——、その後にイラン高原から侵入したイラン系アーリア人の方だとされる）。これを実証する最古の資料は、ハカーマニシュ（アケメネス）王朝（紀元前五五〇〜紀元前三三〇年）の第三代皇帝ダーラヤワウ（ダリウス）一世の古代ペルシア語碑文とヘロドトスのギリシア語史書『歴史』である。それらによると、インダス川流域の「ヒンドゥシュ」が、ペルシア帝国領に組み込まれ、かなりの額の租税を負担することになっている。このハカーマニシュ王朝ペルシア帝国による約二〇〇年間のヒンドゥシュ支配が、以後、長きにわたってこの地方がイラン高原上の勢力によって統治される嚆矢《こうし》となった。

だが、政治的にイラン系アーリア人の支配下に入ったヒンドゥシュ地方において、はたしてどの程度までイラン高原上の宗教思想が普及したかは、資料が不足していて分からない。はなはだ断片的な言及を蒐集すると、例えば、サンスクリット語文法家パーニニ（紀元前五世紀）は、好戦的種族として、「パルサヴァ」族に言及している。もし、この「パルサヴァ」族が、ハカーマニシュ王朝時代のペルシア人（イラン高原南部のペルシア州に住み着いたアーリア人）を指すとすれば、彼らは、インド系アーリア人の知識人から見て、単なる蛮族の一種としか捉えられていなかったことになる。

紀元前三三〇年のハカーマニシュ王朝崩壊後、イラン高原上の政治勢力は、いったんはヒンドゥシュから撤退したようである。しかし、これ以後のヘレニズム時代に、イラン高原が極度の政治的混乱状態に陥ると、イラン系アーリア人や新来のギリシア人などが、断続的に侵入を繰り返し、新たな王朝を樹立しては慌ただしく滅んでいった。

ここで彼らの政治的消長を詳しく追究する必要はなく、ただ、土着のインド系アーリア人が彼らをどう捉えていたかが問題になる。紀元前二～紀元後三世紀に作成された『マヌ法典』は、パルティア人（イラン高原東北部に住み着いたアーリア人）を指すと思われる「パフラヴァ」族を、「アーリア人の祭祀を奉じない蛮族」に分類している。同書によると、彼らは、「クシャトリヤ種姓であるにもかかわらず、アーリア人の祭祀を無視した咎《とが》で没落した」とされる。

サーサーン王朝ペルシア帝国と「パーラスィーカ」族

二二四年にイラン高原上にサーサーン王朝ペルシア帝国が成立すると、イラン系アーリア人とインド系アーリア人の交渉も新たな局面を迎えた。まず、それまでイラン系アーリア人を指すのに用いていた「パフラヴァ」族の名称が、徐々に「パーラスィーカ」族に取って代わられる。四～六世紀に成立した『マハーバーラタ』では、「パフラヴァ」族の名称と併用して、「パーラスィーカ」族も用いられている。両者の相違については、当該書に言及されていない以上推測の域を出ないが、前者がパルティア人で、後者がペルシア人ではないかと思われる。また、インドの詩聖カーリダーサ（五五〇年ごろ）の詩句の中には、インダス川流域に住まう「パーラスィーカ」族が出現する。このパーラスィーカ族は、パフラヴァ族が旧クシャトリヤ種姓に分類されていたのに対し、塞外《さいがい》異民族を意味する「ムレーッチャ」に分類されており、イラン系アーリア人のインド亜大陸における地位は一段と下落したようである。

さらに、アラビア海貿易を通じて、ペルシア州とインド西海岸との交流は前代よりも活発になったらしく、六二五年に、前期チャールキヤ王朝（五四三～七五五年）の第四代王パラケーシン二世（在位六〇九～六四二年）が、サーサーン王朝のホスロー二世（在位五九一～六二八年）に使節を送ったとの記録が残っている。その答礼としてホスロー二世が派遣した使臣の謁見《えっけん》の様子は、アウランガーバード近郊のアジャンター石窟に描かれた宮廷儀式図によって知ることができる。

インド亜大陸に移住したイラン系アーリア人の宗教に関する資料

以上のように、パルサヴァ族、パフラヴァ族、パーラスィーカ族と名称は変遷しても、紀元前六世紀以降、イラン高原のアーリア人はインド亜大陸の西北部に絶えず侵入し、その一部はそのまま現地

	文献の成立年代	内容の年代	内容
『バヴィシュヤ・プラーナ』	不明	推定紀元前1～紀元後7世紀	マガ・ブラーフマナ＝ボージャカ
『ラージャタランギニー』	12世紀	推定5～6世紀	ミヒラの祭司、ガンダーラ・ブラーフマナ

図表8：インド亜大陸に進出したイラン系アーリア人の宗教研究の資料

に定住していた。そして、たとえインド亜大陸のアーリア人から蛮族に分類され、「アーリア人の祭祀を放棄した」と蔑まれていようと、彼らは彼らなりのイラン高原のアーリア人の宗教を実行していたはずである。

以上のようなインド亜大陸に移住したイラン系アーリア人の宗教思想を探る資料は非常に乏しいのだが、管見の及ぶ限り、以下の二つの文献が現存している。第一に、成立年代不詳の『バヴィシュヤ・プラーナ』における太陽信仰カルト、マガ・ブラーフマナ＝ボージャカ関連の記述。本書は、一八〇八年に西欧に紹介されて以来、不可解な祭司集団「マガ・ブラーフマナ＝ボージャカ」の由来をどう解釈するかを巡って、久しく学界を賑わしてきた。第二に、一二世紀に成立した史書『ラージャタランギニー』におけるミヒラの祭司、ガンダーラ・ブラーフマナ関連の記述。本書は、一二世紀に成立したカシュミールの歴史書で、同地に居住していた不思議な祭司集団「ガンダーラ・ブラーフマナ」について詳しく、彼らがイラン系ではないかとの議論がある。以下では、この二つの文献の内容を中心に、イラン高原上のアーリア人の宗教がインド亜大陸に流入した痕跡を探りたい。

マガ・ブラーフマナ＝ボージャカ伝説

成立年代不詳のサンスクリット語文献『バヴィシュヤ・プラーナ』の「婆羅

門の巻」は、太陽の神像に仕える特殊な「マガ・ブラーフマナ＝ボージャカ」について解説している。それによると、彼らは、家系を「太陽の子」と誇り、太陽と人間の美女の間に生まれたジャラシャブダの末裔と称している。彼らの神話によれば、このジャラシャブダは、太陽を父とするために、美女の父によって不義の子とみなされて呪いを掛けられた。しかし、これを哀れんだ太陽により、太陽自身を祀る祭司の地位に任じられた。これ以後、ジャラシャブダの子孫は、太陽を祀る「マガ・ブラーフマナ」になったとされる。

マゴス神官団の末裔？　ミスラ教徒？　ペルシア的ゾロアスター教徒？

現在の研究では、上述の「マガ・ブラーフマナ＝ボージャカ」神話は、起源を異にするマガ・ブラーフマナ伝説とボージャカ伝説の集合体であり、両者を混同して早急な結論を下すことはできないとされる。まず、前者のマガ・ブラーフマナは、紀元前一世紀ごろに、イラン高原東部から移動してきたミスラ神崇拝の集団と推測されている。従って、彼らの宗教思想は、イラン高原西部のマゴス神官団やイラン高原南部のペルシア州へ移動した原始ゾロアスター教教団と直接の関係はなく、中央アジアやイラン高原東部のイラン系アーリア人の素朴な太陽崇拝をそのまま引きずってインド亜大陸に持ち込んだと考えられている。

次に、後者のボージャカは、中世イラン語のボージャク（癒し手、救い主）に由来する集団で、マガ・ブラーフマナよりかなり後、六世紀前半から七世紀末に、彼らと同じ経路でインド亜大陸西北部に流入したと考えられている。当時はすでにイラン高原全体がサーサーン王朝ペルシア帝国の版図に含まれていたので、このボージャカも、濃厚にゾロアスター教の影響を受けた集団だったと推定される。階級制度や四聖典の所持、ジャラシャブダ＝ザラスシュトラの子孫との自称などは、彼らに由来する伝説である。

以上のような複合的な背景を持つマガ・ブラーフマナ＝ボージャカ集団は、当時のインド系アーリア人の間での太陽神スールヤ信仰の隆盛に助けられ、インド亜大陸西部の環境に順応し、ブラーフマナ階級として根を下ろしていたようである。しかし、このイラン高原上のミスラ教徒とゾロアスター教徒がインド亜大陸でスールヤ（太陽神）崇拝と融合した奇妙な集団も、長くは続かなかった。インド亜大陸の宗教潮流が、太陽崇拝からヴィシュヌ神崇拝やシヴァ神崇拝に転換するに連れて、マガ・ブラーフマナ＝ボージャカ集団も次第に衰えたのである。研究者によれば、文献上は、この集団はヒンドゥー教の一派シヴァ神崇拝に転じていった様子が垣間見られるという。また、かなり後まで残ったムルターンの太陽神殿も、ムガル帝国第六代皇帝アウラングゼーブ（在位一六五八〜一七〇七年）の時代に破却されて、モスクにリサイクルされた。マガ・ブラーフマナ＝ボージャカ集団存続の下限は、一七世紀と考えられる。

ガンダーラ・ブラーフマナ

これに対して、一二世紀にカシュミールの歴史家カルハナが執筆した『ラージャタランギニー』は、その当時のガンダーラに実在した特異な宗教集団「ガンダーラ・ブラーフマナ」について詳説している。それによると、「ガンダーラ・ブラーフマナ」の起源は、五世紀中葉〜五六七年の期間、中央アジアからイラン高原東部を支配していたイラン・アーリア系遊牧民の王国エフタルまでさかのぼる。この王国のミヒラグラ王（五〇二～五四二年）は、「ミヒラ教」を深く信仰しており、インド亜大陸西北部へ侵攻した際に、同教の祭司集団をともなった。そして、彼らがエフタル滅亡後もインド西北部に残って土着したものが、「ガンダーラ・ブラーフマナ」に当たるとされる。そして、『ラージャタランギニー』によれば、この「ガンダーラ・ブラーフマナ」は、ブラーフマナ（婆羅門）階級の出身でありつつ、同時に「ムレーッチャ（外夷）」の生まれと称されている。また、彼らは、「姉妹と交わり」、「息子の嫁と交わる」という近親相姦の種族であるとされる。

　このような特異なブラーフマナ階級が実在した傍証は、他の文献からも得られる。四～五世紀のペシャーワル出身の仏教僧ヴァスバンドゥ（世親《せしん》）の『阿毘達磨倶舎論《あびだるまくしゃろん》』の「邪婬加行《じゃいんかぎょう》」は、パーラスィーカと思われる集団が近親相姦をしている様子に言及している。彼らがただちにガンダーラ・ブラーフマナに直結するという確証はないが、両者の地理的条件と時代的条件が一致するので、ヴァスバンドゥが観察した「波剌私《ばるし》」が、ミヒラグラがインドにともなってそのまま土着した「ガンダーラ・ブラーフマナ」に当たる可能性はある。

　この「ガンダーラ・ブラーフマナ」について知りうることは、以上である。推測では、彼らの婚姻形態は、イラン高原西部に発し、やがてイラン系アーリア人の間で定着した「最近親婚」の習慣をそのままインド亜大陸に持ち込んだのではないかと考えられている。また、「ムレーッチャのブラーフマナ」という他称も、彼らが外部から流入した祭司集団であったことを裏づけている。彼らの宗教思想はまったく不明であるが、「ミヒラ教」という名称から推測すると、一種の太陽崇拝をともなうミ

	年代	移動経路	信仰内容
マガ・ブラーフマナ	紀元前１世紀〜	中央アジア・イラン高原東部からパンジャーブ地方へ	古代アーリア人の素朴な太陽信仰
ガンダーラ・ブラーフマナ	５〜６世紀	中央アジア・イラン高原東部からガンダーラ地方へ	ミスラ神崇拝？ マガ・ブラーフマナと同一か？
ボージャカ	６世紀〜	中央アジア・イラン高原東部からパンジャーブ地方へ	ゾロアスター教徒。マガ・ブラーフマナと融合

図表9：インド亜大陸に進出したイラン系アーリア人の宗教集団

スラ神に対する信仰を持っていたのではないかと考えられる。

イラン系アーリア人のインド亜大陸進出

以上、イラン系アーリア人のインド亜大陸進出と、それにともなう彼らの宗教教団のインド流入を、サンスクリット語文献から概観した。その結果、現在までのところ、マガ・ブラーフマナ、ガンダーラ・ブラーフマナ、ボージャカという三つの集団が、イラン高原からインド亜大陸に流入した宗教集団であることが判明した。このうち、マガ・ブラーフマナとガンダーラ・ブラーフマナは、太陽信仰で共通するし、居住地域も隣接しているので、もしかすると同一集団の異名かも知れない。

この三集団の移動経路を年代順に配列すると、図表9のようになる。ここから類推すると、中央アジア・イラン高原東部のイラン系アーリア人の間では、五世紀ごろまでは太陽崇拝・ミスラ教が優勢で、六世紀以降にペルシア的ゾロアスター教が伝播したらしいことが分かる。インド亜大陸の文献資料は、イラン系アーリア人の宗教研究にはなかなか応用されないのが現状だが、非常に有益なデータが眠っている。資料の乏しいゾロアスター教以外のイラン系アーリア人の宗教研究を推進するためには、このような周辺諸民族の資料の活用を念頭に置かなくてはならない。

3. 大乗仏教に影響したイラン高原のアーリア人の宗教

仏教のイラン高原東部への進出

このように、紀元前一世紀〜紀元後五世紀のころ、イラン高原東部・中央アジアからインド亜大陸西部にかけては、古代アーリア人の素朴な太陽信仰、イラン高原東部に勢力を保っていたミスラ教、ペルシア系のゾロアスター教などが重層的に分布し、この地域は「古代アーリア人の諸宗教」と言う以上には定義できない宗教的雰囲気に覆われていた。この状況の中に、インド亜大陸東北部で成立した仏教が進出し、クシャーナ王朝の庇護下でイラン高原東部〜中央アジアまで進出し始めるのである。

しかも、この「イラン高原の古代アーリア人の諸宗教」の分布地域への進出が始まったころに、当の仏教自体が変容を始め、大乗仏教化・菩薩信仰化が進む。当然、背景には、イラン高原東部から中央アジアの古代アーリア人であるパルティア人、クシャーナ人、ソグド人、サカ人などの宗教思想の影響が考えられるのだが、それを立証する文献的証拠がない。以下では、宗教的・人類学的な類似点から影響関係があったであろうとする説を紹介したい。

大乗仏教への影響説

①前節で述べたように、この時期のイラン高原東部では、太陽崇拝＝ミスラ神崇拝（パルティア語の原語ではミフラク崇拝）が主流で、それらに影響されたクシャーナ人、サカ人などが断続的にインド亜大陸北西部に流入していた。従って、阿弥陀仏信仰や弥勒菩薩信仰の背景には、それらのミスラ神崇拝が存在しているのではないかと推測する説がある。

②そうではなくて、それらのミスラ神信仰、光明信仰は、浄土教の西方浄土信仰や光明信仰に影響したとも考えられている。専門の仏教学者ではない筆者には、この両説の微妙な違いや、大乗仏教の弥勒菩薩信仰と浄土教の光明信仰の差異は良くわからない。ただ、小乗仏教から大乗仏教への飛躍の過程で、イラン高原のアーリア人の宗教の影響を計算に入れないと説明がつかない部分があるらしい。

③また、イラン高原のアーリア人のアナーヒター信仰が、大乗仏教の観音菩薩信仰に影響したとの考えもある。もっぱら、図像研究の方面から提出されている説のようである。

④この時期のイラン高原東部に、ザラスシュトラの衣鉢を受け継ぐ教団があったかどうか、今ひとつ確証がない。この段階では、すでにゾロアスター教教団は、イラン高原南部のペルシア州方面に移動していたかも知れない。しかし、広い意味での古代アーリア人の宗教をゾロアスター教と同一視する立場からは、ザラスシュトラが唱えた教義がダイレクトに大乗仏教形成に影響したと考える立場もある。その中の一つが、ゾロアスター教の救世主信仰が、大乗仏教の未来仏信仰へ影響したと考える説である。

イラン高原上のアーリア人の宗教	影響	クシャーナ朝下の大乗仏教
①古代アーリア人の宗教のミスラ信仰	→	大乗仏教の阿弥陀仏、弥勒菩薩
②古代アーリア人の宗教の光明信仰	→	浄土教の西方浄土・光明信仰
③メソポタミア平原〜イラン高原西部で信仰されたズルヴァーン、アナーヒター女神	→	大乗仏教の観音菩薩
④ザラスシュトラの原始教団のサオシュヤント（救世主）信仰	→	大乗仏教の未来仏である弥勒菩薩
⑤ザラスシュトラの原始教団のサオシュヤント（救世主）信仰	→	浄土教の阿弥陀仏
⑥ザラスシュトラの原始教団のフラワシ（先祖霊）信仰	→	大乗仏教の盂蘭盆会などの行事

図表10：イラン高原上のアーリア人の宗教から大乗仏教への影響説

⑤また、同じくゾロアスター教の救世主信仰が、未来仏信仰ではなく浄土教の阿弥陀仏信仰に影響したと考える立場もある。仏教学に昏《くら》い筆者には、大乗仏教の未来仏信仰と浄土教の阿弥陀仏信仰の微妙な違いがわからないが、そのような形で救済を求める運動に、イラン系の思想が影響したのかも知れない。

⑥上述（第二章第三節）のように、インド亜大陸本国での仏教には見られない先祖供養儀礼のルーツを、ゾロアスター教のフラワシ崇拝＝祖霊祭に求める説がある。この説によれば、「盂蘭盆会」という言葉の語源自体、中世イラン系の言語に求められることになる。

アーリア人と仏教東漸

このように、イラン高原東部から中央アジアで、濃厚に古代アーリア人の諸宗教の影響を受けたと見られる仏教は、その古代アーリア人の手によって、中央アジアから中国まで運ばれた。当時の草原の覇者は、まだテュルク人ではなく依然としてアーリア人だったと考えられるので、当然の成り行きである。

中でも、図表11で言及した人物たちは、仏典漢訳の上で大きな

人名	出身	業績
安世高	パルティア人	147 年に洛陽に到着。初めて仏典を漢訳したと伝わる
安玄	パルティア人	181 年に洛陽に到着。厳仏調とともに仏典を漢訳
支婁迦讖	クシャーナ人（大月支系か？）	2 世紀後半に仏典を漢訳
支曜	クシャーナ人（大月支系か？）	2 世紀後半に仏典を漢訳
康孟詳	ソグド人	2 世紀後半に仏典を漢訳
康巨	ソグド人	2 世紀後半に仏典を漢訳
曇無諦	パルティア人	254 年に洛陽に来住

図表11：仏教東漸に貢献したアーリア人

業績を果たした。彼らは、ゾロアスター教やそれに準じる古代アーリア人の諸宗教から仏教に改宗し、そのアーリア人の宗教には見られぬ教義を伝えるために、はるばる西域諸国を経て中国まで旅をしてきたのである。

この仏教が、イラン高原東部から中央アジアのイラン系アーリア人の間でどの程度定着していたかは、正確にはわからない。しかし、例えば、後のアッバース革命の際に、第二代カリフ・マンスール（在位七五四～七七五年）に仕えたハーリド・イブン・バルマクは、イラン高原東北部の仏教僧院ナウバハール（この名で呼ばれる地名は、イラン高原上に複数ある）の院長（パルマク）の家系だと伝わる。仏教は、八世紀半ばまでは、イラン高原東部でも相当の勢力を維持していたらしい。ちなみに、ハーリド自身はイスラームに改宗したし、その息子ヤフヤー・イブン・バルマクは、第五代カリフ、ハールーン・アッラシード（在位七八五～八〇九年）の下で宰相となり、アッバース王朝で絶大な権力を行使した。彼らの仏教信仰も、結局はイスラームの簡明さや世俗の権力の誘惑に勝てなかったようである。

4. アルメニア的ゾロアスター教とヤズィード教

アルメニア的ゾロアスター教＝パルティア的ゾロアスター教

ここで、イラン高原東部以東の状況から、イラン高原西部以西に目を転じよう。本節で扱うアルメニア人とは、紀元前七世紀ごろに、インド・ヨーロッパ語族の一派が、小アジアからアルメニア高原に移住した人々である。このため、同じインド・ヨーロッパ語族に属するといえども、東隣に当たるイラン高原のアーリア人とは系統を異にしている。

そのアルメニア人の宗教の変遷は、単純化すると以下のようにまとめられる。

① 古代アルメニア人土着の宗教の時代（紀元前七〜紀元前一世紀）
② パルティア的ゾロアスター教流入の時代（紀元前一〜紀元後四世紀）
③ 西方シリア教会の単性論派キリスト教への改宗時代（四世紀〜）

ゾロアスター教研究上、この中で重要なのは、②のパルティア的ゾロアスター教の流入とその保存の時代である。四〇〇年以上もイラン高原を支配したアルシャク王朝パルティア（紀元前二四七〜紀元後二二四年）は、ハカーマニシュ王朝ペルシア（紀元前五五〇〜紀元前三三〇年）やサーサーン王朝ペルシア（二二四〜六五一年）に比べて影が薄く、イラン高原本国ではその宗教事情を伝える資料はほとんど残されていない。ところが、アルメニア王国は、最初はパルティアの属国アルタクシアス王朝アルメニア王国（紀元前一八九〜紀元前四年?）として、次には、パルティアの親藩アルシャク王朝アルメニア王国（六六〜四二八年）として、パルティアの強い文化的影響下にあった。それゆえ、「アルメニア的ゾロアスター教」は、資料に乏しい「パルティア的ゾロアスター教」を復元する最有力の手段になっている。

アルメニア的ゾロアスター教

アルメニア的ゾロアスター教に関する手がかりは、以下の二つにまとめられる。

① アルタクシアス王朝中期からアルシャク王朝後期に至るまでの歴史資料。アルメニアをイラン高原の政治勢力との間の緩衝地帯として活用してきたローマ帝国の資料。

② アルメニア語文献としては、キリスト教国教化以後に作成されたアガタンゲロスの『アルメニア史』とモヴセース・ホレナツィの『アルメニア史』。

残念ながら、アルメニア文字自体、キリスト教教会の産物なので、キリスト教化以前のアルメニア語資料は存在していない。しかし、アルメニア語の中には、パルティア語起源と見られる単語が大量に含まれているので、かなりの確率で、キリスト教アルメニア語文献からパルティア的ゾロアスター教の用語を引き出すことができる。以下では、それらに基づいて、アルメニア的ゾロアスター教＝パルティア的ゾロアスター教を復元してみよう。

パンテオン：アルメニア的ゾロアスター教のパンテオンは、パルティア語からの借用語で表記されるものが大部分で、イラン高原のアーリア人の宗教の強い影響下にあったことがうかがえる。それら

アヴェスター語	アルメニア語（パルティア語からの借用語）
アフラ・マズダー	アラマズド
ウルスラグナ	ヴァハグン
アナーヒター	アナヒト
ナナイ	ナネー
ミスラ	ミフル
ティール	ティル
スプンタ・アールマティ	スパンダラメト・サンダラメト
ハルワタートとアムルタート	ハウロトとマウロト

図表12：アルメニア的ゾロアスター教のパンテオン

を図示すると以下のようになる（図表12）。

個々の神格は、名称こそ古代アーリア人の多神教を継承しているが、実際の性格にはかなりの改変が加えられている。以下、パルティアからアルメニア王国に流入した神々の性格の変化を概観しよう。

①　アラマズドには、本来のアフラ・マズダーにはない雷神としての役割も付与されている。彼は、「すべての父」と尊称され、アナーヒターは彼の妻、ミフルは彼の息子、ナナイは彼の娘と家族関係が強調される。

②　ヴァハグンは、本来は勝利の神であったが、アルメニア人の間では太陽神に変化している。ウルスラグナとミスラは、正義のために戦うという点できわめて性格が似通っていたのだが、太陽神としての性格も共有し、一層区別がつかなくなった。その上、ギリシア人からは両方ともヘラクレスに見えたらしく、これまた混乱に輪をかけた。

③　紀元前一世紀のストラボンによれば、アルメニア人はイラン高原のアーリア人と同じ神々を崇め、特にアナーヒターを信仰していたとされる。しかし、アルメニア語資料からは、「アナヒ

ト」が際立った地位を占めていた様子はうかがえない。

④ ナナイは、エラムで信仰された女神のようで、ハカーマニシュ王朝時代にアルメニア高原まで広まったと考えられている。

ガルニのミスラ神殿遺跡。アルメニア王国のアルシャク王朝初代国王、ティリダテス1世が造営したミトラ神殿遺跡とされる。アルメニアでは、アーリア人の宗教の中でも、とりわけミスラ崇拝が盛んだった。アルメニア・ガルニにて。

⑤ アルメニア王国のアルシャク王朝初代のティリダテス一世が、ローマ帝国の承認を受けるために三〇〇〇人のパルティア騎士に警護されてネロ皇帝の前に跪《ひざまず》いた際、彼はギリシア語のスピーチで、「自分はネロ皇帝の下僕であり、ミフル神を崇めるようにローマ皇帝を崇める」と宣言している。アルメニアまたはパルティアの宗教がミスラ教であると推定される有名なシーンである。

以上、古代アーリア人の神格には存在していなかった「アラマズド＝アフラ・マズダー」が「すべての父」と尊敬されている点では、アルメニアの宗教はゾロアスター教のようにも見える。しかし、ヤシュトの段階でやっと復権した「ヴァハグン＝ウルスラグナ」や「ミフル＝ミスラ」が非常に重要な地位を占め、宗主国のローマ皇帝をミスラ神になぞらえている点は重要である。これを重視するなら、アルメニア的ゾロアスター教＝パルティア的ゾロアスター教の主神はミスラであり、ひいては、「ゾロアスター教」という呼称自体が不正確で、本来はミスラ教というべきではないかと思わせる。

宗教儀礼：宗教儀礼の点では、アルメニア人はペルシア的なゾロアスター教とは異なるパルティア的なゾロアスター教の遺産を豊富に引き継いでいる。

まず、アルメニア人は、サーサーン王朝時代のアーリア人の曝葬とは異なって、土葬を行っていた。アルメニア王家の墓地がアニとバガワンにあることから推測すると、本国のパルティア的ゾロアスター教も、サーサーン王朝時代のゾロアスター教とは異なり、土葬を行っていたのかも知れない。

また、彼らは、神々の偶像を作成し、バギンと呼ばれる偶像神殿に安置していた。これは、サーサーン王朝時代のペルシア的ゾロアスター教の下で徹底的に弾圧されたゾロアスター教偶像崇拝の名残で、このアルメニア的ゾロアスター教と、東方に伝播したソグド的ゾロアスター教のみがその痕跡を伝えている。

最近親婚：アルメニア人は、マゴス神官団やペルシア的ゾロアスター教徒と同様に、最近親婚を実践していたようである。アルタクシアス王朝のティグラネス四世は妹のエラトーと結婚したし、パルティア本国でも、フラアタセスが母親と結婚した実例がある。この最近親婚はアルメニア人の間で根強く広まっていたようで、単性論派キリスト教が普及した後も変わらなかった。このため、三六五年には、司教が最近親婚を禁じる法令を出している。しかし、この習慣は、アルメニア人の間ではロシア革命前夜まで続いたらしい。

終末論：アルメニア的ゾロアスター教の終末論では、ヴァン湖畔の洞窟に潜むミスラ神が、世界の終末に到来して正義の復権を行うことになっている。また、アルタクシアス王朝アルメニア第五代王アルタヴァズド二世（在位紀元前五五～紀元前三四年）についても同様の伝説がある。残念ながら、ゾロアスター教に固有の救世主であるサオシュヤントの名は見出せない。

エチミアジンのキリスト教教会。アーリア人の宗教を捨て、キリスト教に改宗した最初のアルメニア王ティリダテス3世が建立した。アルメニア正教会の総主教座。この教会の地下には、キリスト教に抹殺された「異教の女神」の神殿が眠っているという。アルメニア的ゾロアスター教におけるアナーヒターかナナイの神殿か？　アルメニア・エチミアジンにて。

ヤズィード教＝古代クルド人の宗教の末裔

最後にとりあげるヤズィード教とは、イラン高原西北部からイラーク北部、小アジア東部にかけての山岳地帯に分布するクルド人によって信仰されている宗教である。信者は、イラーク北部に一〇万～二五万人、アルメニア、アゼルバイジャン、グルジアに五万人、シリアに五〇〇〇人、トルコに一万人程度が存在すると推定されている。ただし、トルコのヤズィード教徒は、政府によって弾圧され、かなりの部分がヨーロッパに流出したらしい。

ヤズィード教信者として同教を支えているクルド人は、使用言語から言えば、古代アーリア人の一分派に属する。そこから類推すれば、彼らは山岳地帯に定住して伝統的な文化を維持したアーリア人の一派の末裔のようであり、古代クルド人の宗教には、イラン高原に住み着いた古代アーリア人との共通要素が数多くあったと予想されている。しかし、山岳地帯のクルド人の文字文化導入はかなり遅く、彼らの宗教が文献上に現れるのは、一二世紀以降である。しかも、それは、後述のシャイフ・アディー・イブン・ムサーフィルの宣教によって、古代クルド人の民族宗教がスーフィズムと混交し、「ヤズィード教」が成立して以後のことに属する。一二世紀以前、古代クルド人の宗教思想が原形を留めていたと思われる時点での記録は残っていない。

シャイフ・アディーの到来

その古代クルド人の宗教が大きな転換点を迎え、歴史時代に入る契機は、一〇七三～七八年ごろにレバノンで生まれたシャイフ・アディー・イブン・ムサーフィルの到来であった。彼は、ウマイヤ王朝のカリフ・マルワーン一世（在位六八三～六八五年）の子孫と伝わるので、血統上はアラブ人で、クルド人とは関係がない。青少年期にバグダードでスーフィズムを学んだとされるが、真偽は不明である。

そのシャイフ・アディーは、禁欲主義者として名声を博した一一〇〇年ごろに、クルド人が居住するイラーク北部の山岳地帯に移住した。シャイフ・アディーは、同地でクルド人から大変な尊敬を集めたらしい。彼は、一一六〇～一一六二年ごろに死去したものの、彼を慕うクルド人たちは、彼の遺徳を偲《しの》んで、遺体を埋葬したラリシュの谷を聖地とした。そして、ここを拠点に彼の教えを継ぐべく、一種のスーフィー教団であるアダウィーヤ教団を形成した。

このアダウィーヤ教団と普通のスーフィー教団との違いは、クルド人の住まう山岳地帯でクルド人を主体に教団形成を行った点である。アダウィーヤ教団は、時間の経過とともに当初のイスラーム的な特徴を失い、クルド人のエスニック・アイデンティティーのシンボルとして機能し始めた。それが、本来はスーフィー教団として出発したアダウィーヤ教団が、やがてクルド人独特のヤズィード教に発展する要因となった。

ヤズィード教研究

以上のような過程を経て成立したヤズィード教に関する研究は、近々一八五〇年ごろスタートしたに過ぎない。しかも、彼らに関する情報は限られており、一次資料は二〇世紀の後半になってやっと出そろった。それらは、おおむね以下のように分類できる。

第一に、ヤズィード教徒の吟遊詩人（ケッワール）たちが、宗教行事の際に朗唱する賛歌（ケウル）を集大成した『ケウル書』。本書は、アラビア語の語彙を大量に含んだ北部クルド語で書かれている。長らく門外不出だったが、一九七九年にアラビア文字で記したものがバグダードで公刊され、一九八五年にはその補遺も出版された。

第二に、シャイフ・アディー作と伝わる二編のアラビア語詩。

第三に、シャイフ・アディーや第四代教主ハサンの著作と伝わるアラビア語文献の断片。

第四に、『ジルウェ』とその注釈『メシェフ・レシュ』と称される二つのアラビア語文献。一八九五年には同書の英訳が、一九〇九年にはアラビア語原文が出版された。しかし、同書の信頼性については、研究者の見解が一致していない。ヤズィード教徒の間で「ジルウェ」と「メシェフ・レシュ」という伝承が存在していたことは確かだが、それが文献として伝わっていた確証はない。しかも、一九一一年には、同書のクルド語原文が「発見」されたが、東洋学者がいまだかつて見たこともない不可解な文字で記されていた。現在では、「クルド語原文」は偽作で、アラビア語の『ジルウェ』と『メシェフ・レシュ』は、発見者が口承伝承を初めて文字化したと考えられている。従って、同書に完全に信を置く訳にはいかないが、部分的にはヤズィード教に関する貴重な情報を含むとみなされている。

これら以外には、周囲のイスラーム教徒からの、「悪魔崇拝教徒」とするアラビア語観察記録がある。それらにはイスラーム的な先入観があるので、表面だけを観察するならば、ヤズィード教はスーフィー教団の一亜種のようにも見える。事実、イタリアのイスラーム学者グイディは、それらのイスラーム系の文献を精査した上で、「ヤズィード教は複合的な要素の組み合わせで成立しているものの、本質的には逸脱的イスラームの一派である」と結論した。一九三〇年以降は、この立論が支配的になり、ヤズィード教研究は長らくイスラーム研究の枠内で試みられ、古代イラン学者・ゾロアスター教研究者の研究領域とは考えられなかった。彼らがこの宗教に関心を持ったのは、やっと一九九〇年代のことである。

ヤズィード教の創世神話と社会組織

その結果、ヤズィード教の構成要素は、イスラーム的な教義だけで説明できるものではないことが最近、分かってきた。例えば、『ケウル書』や『メシェフ・レシュ』から復元される彼らの創世神話は、六大天使思想、犠牲祭による世界創造などの点でゾロアスター教の教義と近く、それを考慮すれば、古代アーリア人の宗教が影響したと考える方が自然である。ただ、ヤズィード教神話では、ゾロアスター教に特有の善悪二元論がまったく影を潜めている。おそらく、ヤズィード教神話は、イラン高原東部で発生したザラスシュトラの教えが波及する以前に、イラン高原西部の山岳地帯で現在の形に固定化された古代アーリア人の宗教の一端を示していると考えられる。

創世神話の後は、シャイフ・アディーと彼の子孫が主人公の歴史が語られる。研究者によれば、このシャイフ・アディー伝説とインド亜大陸のアーリア人の伝説には並行関係が認められ、古代クルド人の間に伝わる古代アーリア人の民族伝承が、シャイフ・アディーを主人公として再生産されたものと推定されている。また、他のヤズィード教の教主伝説も、題材を古代アーリア人の神話に採りつつ、そこにイスラーム聖者の名を当てはめたものと解せられ、スーフィズムの外皮の下に古代アーリア人の信仰を盛った例として注目されている。

このような改変が可能だった理由は、イラン高原のアーリア人の伝統の継承方法にある。インド亜大陸のアーリア人は、彼らの神話や呪文を口頭で伝承するに当たって、神名を何十にも区切って呪文の各所に配置し、容易に神名が置換されないように配慮していた。インド亜大陸の宗教伝統では、文字の使用がかなり後世まで一般化しなかったので、かえって口承伝承が精緻化したのである。これに対して、イラン高原のアーリア人は、彼らの神話や呪文を伝承する際に、そのような周到さを欠いた。また、ゾロアスター教に限って言えば、六世紀には聖典が文字化され、口承に頼る比重が低下したことも、油断の一因である。このように、神名がいくらでも代替可能な形で神話や呪文の中に埋め込まれていた点が、イラン高原の古代アーリア人の伝承が表面上イスラーム化していく契機の一つであった。

以上のような思想的側面に加えて、ヤズィード教徒が古代アーリア人の慣習を保存しているとされるのが、彼らの社会組織である。これにはクルディスターン内で地域的な差があり、また、曖昧な部分も多いが、先行研究に従うと、大体以下のような形態をとっている。

ヤズィード教は、出生によって帰属するもので、改宗は不可能である。しかも、血統に基づく階級制度が存在し、神官階級に生まれないとヤズィード教の神官にはなれない。この神官階級は、ヒンドゥー教のブラーフマナ階級や、ゾロアスター教の神官階級に対応する古代アーリア人の宗教の名残と考えられている。また、ヤズィード教の神官階級は厳密な族内婚を行っているとされ、この点ではゾロアスター教により近い。その神官階級の中でも、血統に応じて細かいランク分けがある。この点では、イニシエーションの進度によって神官ヒエラルヒーを定めていたゾロアスター教よりも、一層血統重視に傾いている。

ヤズィード教研究の成果と課題

以上、現在までに判明したヤズィード教に関する知見を概観した。ヤズィード教は、当初はクルディスターンのスーフィー教団として成立したものの、教義よりも感性や経験を重視するスーフィズム一般の傾向のゆえか、徐々にクルド人の古代宗教によって換骨奪胎され、濃厚にクルド人の民族宗教の色彩を帯びていった。このため、古代イラン学者にとっては、ゾロアスター教以外に、古代アーリア人の宗教の原形質を伝える貴重な資料の宝庫となっている。

しかし、古代アーリア人の宗教やゾロアスター教の研究に多大の貢献をなすと期待されるヤズィード教研究であるが、現在のところ、停滞を余儀なくされている。最大のヤズィード教徒人口を抱え、シャイフ・アディーの聖地を擁するイラークでの現地調査が、長引くイラーク紛争によって不可能になったせいである。無論、トルコやアルメニアなどにもヤズィード教徒はいるのだが、アーリア人に伝統的な拝火儀礼などはイラーク（特にラリシュの谷）でしか残っておらず、彼らをもって代替させるにも限界がある。今後は、イラーク安定の後、ラリシュの谷における古代イラン学者の現地調査が何時どのようにして再開されるかが、ヤズィード教研究とその背後にある古代アーリア人の宗教研究の鍵である。

第四章

ゾロアスター教の完成

——サーサーン王朝ペルシア帝国の国教として

1. 国教の座の獲得

ザラスシュトラの名声の普及

「二元論と白魔術の世界観」が成立した後、原始ゾロアスター教に関する資料は断絶する。古代アーリア人の諸宗教の群雄割拠状態の中、原始教団が生き残るのはかなりむずかしいように見えた。だが、意外にも、ザラスシュトラの名前は、紀元前五世紀にはギリシア語文献に「偉人ゾロアストレス」として登場している。教祖死去からこの時点までには、少なく見積もっても三〇〇年以上の隔たりがあり、一体どのような経路でザラスシュトラの名声が地中海世界まで伝わったのか、まったく不明である。

先に原始教団がナオタラ部族国家と一体化したと述べたが、このナオタラ部族国家が爆発的に発展して、周辺にゾロアスター教を布教した訳ではなさそうである。逆に、このカウィ・ウィーシュタースパの国家は、歴史上に何の痕跡も残さないまま、ひっそりと消滅したと考えられている。軍事的な後ろ盾を失った原始教団は、それだけでかなり弱い立場に追い込まれたと思われるし、聖戦などの暴力的な方法で教義を宣教する余裕はなかったはずである。ザラスシュトラの名声拡大の理由としては、彼の発したメッセージが、当時の古代アーリア人の嗜好に受け入れられて強い共感を呼んだ可能性と、先述のような妥協策が実って、多神教的なゾロアスター教が周辺のアーリア人の心理的抵抗を除去した可能性が考えられる。どちらにしても、教祖の名声は広まった。

歴代王朝とゾロアスター教

ハカーマニシュ王朝第3代皇帝ダーラヤワウ1世が造営したペルセポリスにあるレリーフ。皇帝の上で翼を広げている天使像は、しばしばゾロアスター教的モチーフとされてきた。しかし、ハカーマニシュ王朝とゾロアスター教の関係は明らかではないので、これがゾロアスター教関係のレリーフとは言い切れない。本書では、このレリーフは使わなかった。

だが、これで教祖の教えが、あまねくイラン高原のアーリア人の間に受容された訳ではない。古代アーリア人がイラン高原に移動して以降、アラブ人イスラーム教徒に征服されるまで、イラン高原上では以下の四つの王朝が興亡を繰り返した。

① ハカーマニシュ王朝ペルシア（紀元前五五〇～紀元前三三〇年）：古代アーリア人の一派ペルシア人が、初めてイラン高原とメソポタミア平原を支配した帝国。政治的には高度な中央集権システムを構築したが、文化的には地方分権的な体制を採った。

② セレウコス王朝シリア（紀元前三一二～紀元前六三年）：ギリシア人によるイラン高原征服王朝。文化的には、都市のヘレニズム文

化／農村のアーリア文化に二分された。
③　アルシャク王朝パルティア（紀元前二四七～紀元後二二四年）：古代アーリア人の一派パルティア人が、政治的にも文化的にも地方分権的な体制を構築。
④　サーサーン王朝ペルシア（二二四～六五一年）：パルティア人を倒したペルシア人が、政治的にも文化的にも中央集権的な体制を構築。

これらの王朝の中でも、ゾロアスター教との関わりには濃淡の差があった。①のハカーマニシュ王朝の皇帝は、「アーリア族のアーリア人」、「偉大なる王、諸王の王」を自称し、古代アーリア人の宗教を信仰していた形跡がある。しかし、その内実が何であったかに関しては、研究者の見解が分かれており、ザラスシュトラの教えをダイレクトに導入したと考える学説から、直接的な影響はなかったとする学説まで幅が広い。後者の立場をとるならば、ハカーマニシュ王朝皇帝の宗教は、古代アーリア人の宗教の一亜種で、同じ土壌から成立したザラスシュトラの教えと共通点はあるにしても、やはり別物ということになる。

②のセレウコス王朝の諸王は、アレクサンダー大王の東征にともなってやってきた外来のギリシア人だったこともあり、いかなる意味においてもゾロアスター教徒ではなかったと考えられている。続く③のアルシャク王朝の大王たちは、古代アーリア人の宗教思想を保っていたものの、ミスラ崇拝が優勢で、必ずしもゾロアスター教とは言えない異質の宗教思想を奉じていた（上述のアルメニア王国の宗教解説を参照）。ただし、彼らの支配下のイラン高原とメソポタミア平原では、かなりの数の地方王朝や藩王国が半独立の自治を保っていたので、アルシャク王朝時代の宗教事情を克明に研究しよう

とするならば、それらを一つ一つ取り上げなくてはならない。そして、このころに、ペルシア州で、ザラスシュトラの原始教団の宗教思想と、イラン高原北西部のマゴス神官団の宗教思想が融合して、後の「ペルシア的ゾロアスター教」の成立が準備されていた。概説書によっては、この歴代王朝の支配下ではゾロアスター教が国教の位置にあったと説かれる。しかし、厳密には、古代アーリア人の諸宗教とゾロアスター教の境界線は曖昧で、そのどちらとも取れる諸宗教が幅広く受容されていたとしか言えない。

ゾロアスター教神官団とエーラーン・シャフルの国教化

これに対して、④のサーサーン王朝の皇帝は、ペルシア州の拝火神殿の神官出身で、彼らとゾロアスター教の関係は非常に密接であった。紀元後二二四年における、パルティア州出身の世俗諸侯が樹立した地方分権的なアルシャク王朝から、ペルシア州出身のゾロアスター教神官が樹立した中央集権的なサーサーン王朝への政権交代が、ゾロアスター教にとってのターニング・ポイントだった。この時、単に世俗諸侯から世俗諸侯への政権移行だったら、あそこまで宗教政策に拘泥《こうでい》したとは思えない。また、極端な中央集権を打ち出したサーサーン王朝がなかったら、イラン高原の国家に統一的な「国教」自体が成立せず、その後も、例えばインド亜大陸のようなアーリア人の諸宗教の併存状況が続いていたであろう[20]。

そのサーサーン王朝ペルシア皇帝は、軍事力でもって出身母体であるペルシア州のゾロアスター教神官団を擁護し、自分が信奉するゾロアスター教以外のアーリア人の諸宗教は邪教であると信じて、

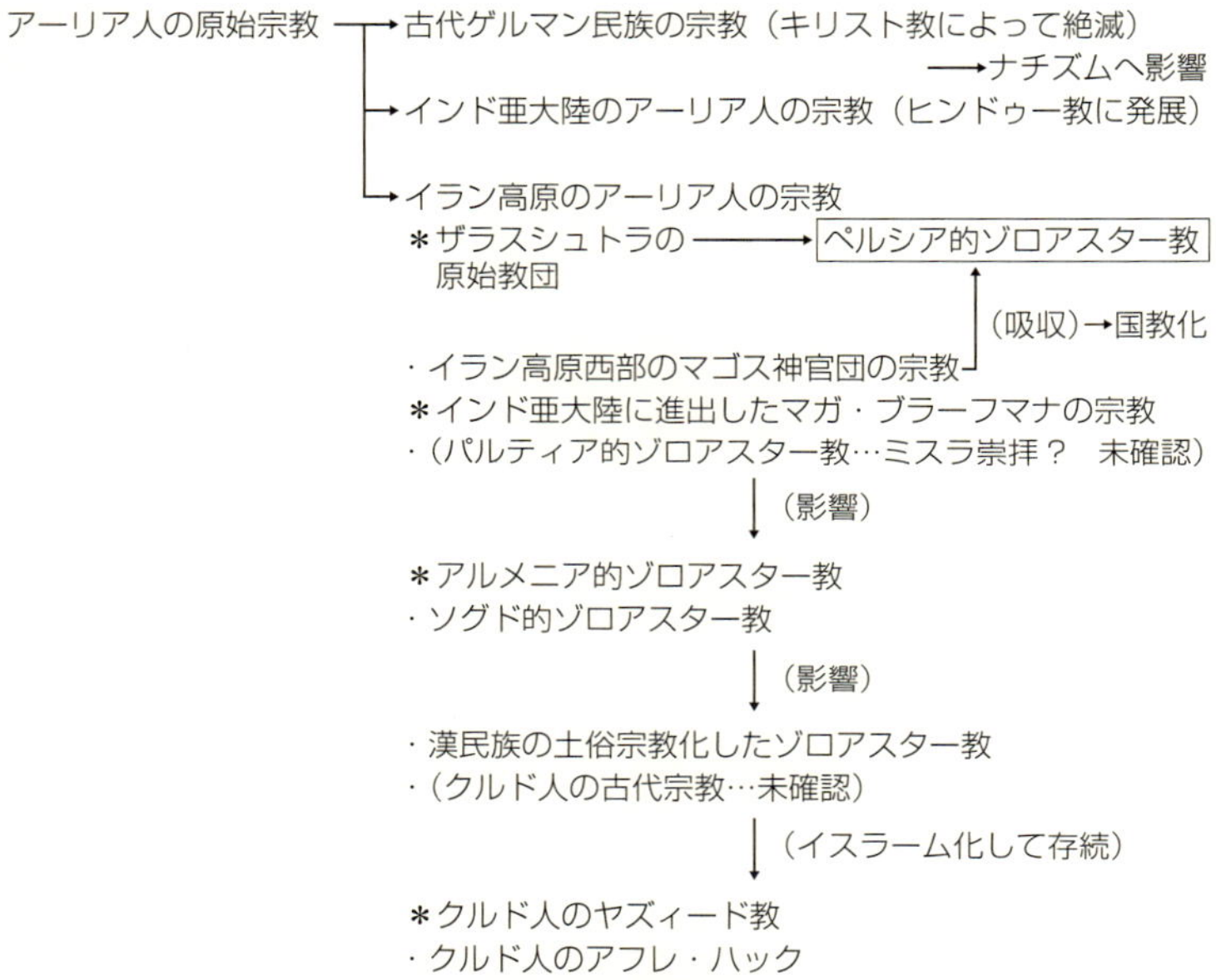

図表13：イラン高原のアーリア人の諸宗教の相関図（カッコつきは、存在は推定されるが、資料がないので未確認の宗教。＊は、本書で扱った宗教）

ペルシア的なゾロアスター教の宣布に努めた。また、神官団の方でも、エーラーン・シャフルの官僚組織の主要な担い手となって皇帝に奉仕した。この皇帝とゾロアスター教神官団の協調によって、それまでペルシア州で醸成されていた「ペルシア的ゾロアスター教」が帝国中に宣布されたのである。

ここまでのアーリア人の諸宗教の状況を図示すると、図表13のようになるであろう。

2. ゾロアスター教教義の確立 ①聖典『アベスターグ』の成立と翻案パフラヴィー語文献

聖典の必要性

国家宗教の座を獲得したゾロアスター教神官団は、彼ら以外の古代アーリア人の諸宗教を、少なくとも社会の表面からは排除して、帝国内の宗教の均質化を図った。その上で、古代アーリア人の諸宗教の神官階級をゾロアスター教神官団として再編成し、帝国の膨大な知識階級を手中に収めて、本格的な教義の整備・拡充に乗り出す。その際の彼らの第一の目標が、聖典の編纂であった。

上述のように、サーサーン王朝以前の段階では、原始ゾロアスター教教団の求心力は、呪術的な世界観によって維持されていた。それを保障するものが、

① ヤスナ祭式用の呪文×七二章[21]
② 古代アーリア人の神々に捧げる賛歌集ヤシュト×二一種類[22]
③ ウィーデーウダード祭式用の呪文×二二章[23]
④ その他の小規模祭式用の呪文

といった一連の呪文群である。

しかし、紀元前一二世紀ごろに原始教団という小サークルの中で通用したこれらの呪文群も、紀元後三世紀以降には、必ずしもペルシア帝国内外のアーリア民族や周辺諸民族の知的嗜好を満足させる

ものではなくなっていた。しかも、当時は、聖典と明確な教義を具えた宗教として、シリア方面からはキリスト教が、ペルシア帝国の政治的中枢であるメソポタミア平原にはマーニー教が、インド亜大陸方面からイラン高原東部には仏教が進出してきていた。これらへの対抗上、国家宗教ゾロアスター教は、早期に聖典を定める必要に迫られていたのである（宗教史上注意すべきは、キリスト教、マーニー教、仏教に比べて、ゾロアスター教の方が成立年代ははるかに古いものの、聖典を確立して明確な教義を整備する点では、むしろ数世紀の遅れをとっている点である）。

欽定『アベスターグ』の編集

ゾロアスター教神官団は、それまで祭式の際に唱える呪文として機能していた原始教団の伝承を、新たに内容別に分類し、知的な理解に耐える形での再編集を試みた。そして、紀元前一二世紀ごろの古代アーリア語で語り伝えられたそれらの伝承に対して、当時の公用語であったパフラヴィー語（中世ペルシア語）で訳注を書き加え、浩瀚《こうかん》な書物として編集したのである。それが、パフラヴィー語で『アベスターグ』、近世ペルシア語で訛《なま》って『アヴェスターー』と称されるゾロアスター教聖典である。

なお、パフラヴィー語訳注のみを指す場合には『ザンド』と言い、特に古代アーリア語（ザラスシュトラが用いた言語には適切な名称がないので、研究者は「アヴェスター語」と仮称している）本文とパフラヴィー語訳注を分けて考える場合には、パフラヴィー語で『アベスターグ・ウド・ザンド』、近世ペルシア語で『ザンド・アヴェスターー』と呼んでいる。また、サーサーン王朝ペルシア皇帝の権威のもとに成立したこの時期の『アベスターグ』を、後に約三〇パーセントにまで減少して口語化した民衆版『アベスターグ』に対して、欽定《きんてい》『アベスターグ』と称することもある。

この欽定『アベスターグ』が、膨大な知的作業の果てに編み出されたことは、その苦心の跡から容易に想像できる。例えば、アヴェスター語の本文は、本来的には祭式用の呪文なので、意味内容よりも発音に重心が置かれる。ところが、このアヴェスター語の発音は、サーサーン王朝時代に用いられていたパフラヴィー文字では正確に表せなかったので、神官団は、ギリシア文字やキリスト教パフラヴィー文字を応用して「アヴェスター文字」を新開発した（注意すべきは、アヴェスター語〈紀元前一二世紀ごろ〉はパフラヴィ

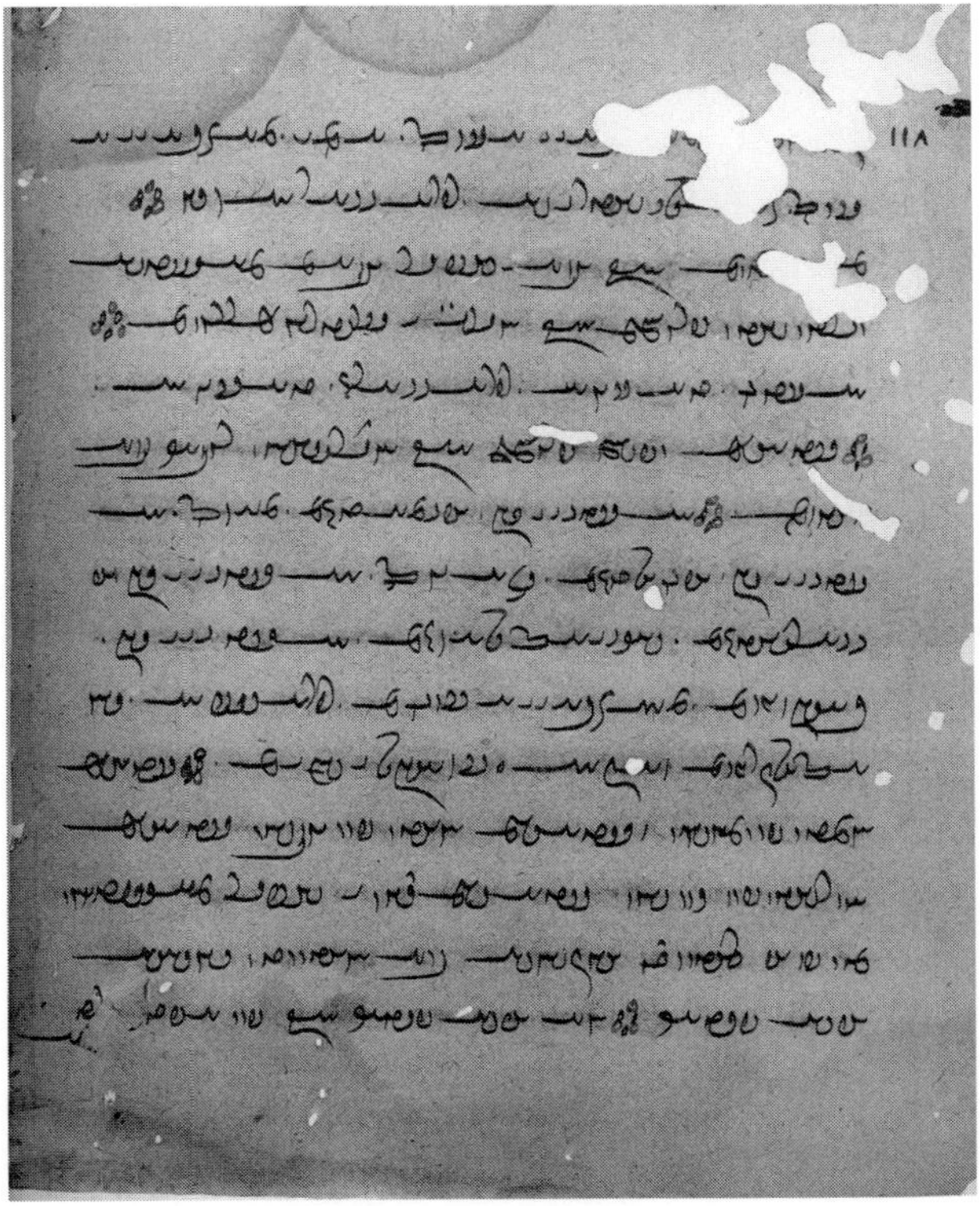

『アヴェスター』写本の一部

大区分	各巻の名称	内容	儀礼用途での対応、残存状況
ガーサー関係①	ストート・ヤシュト	ザラスシュトラ直伝のガーサー	ヤスナ 14-16, 22-27, 28-54, 56（完全に現存）
ガーサー関係②	スートカル	ガーサー注釈	断片
ガーサー関係③	ワルシュトマーンサル	ガーサー注釈	
ガーサー関係④	バグ	ガーサー注釈	ヤスナ 19-21
ガーサー関係⑤	ワシュタグ	（未研究）	散逸
ガーサー関係⑥	ハーゾークト	多様	ヤスナ 58、ヤシュト 11 等
ガーサー関係⑦	スパンド	ザラスシュトラ伝説	断片
マンスラ関係①	ダームダード	宇宙創生論	断片
マンスラ関係②	ナーフタル	（未研究）	散逸
マンスラ関係③	パージャグ	歳や日の宗教的区分	断片
マンスラ関係④	ラスウィシュターティ	犠牲獣の準備方法	断片
マンスラ関係⑤	バリシュ	宗教倫理	断片
マンスラ関係⑥	カシュカイスラウ	誤って処理した犠牲獣の無効化方法	断片
マンスラ関係⑦	ウィシュタースプ・ヤシュト	ウィシュタースプ伝説	断片
宗教法関係①	ニカートゥム	宗教法	断片
宗教法関係②	ドゥズド・サル・ニザド	宗教法	断片
宗教法関係③	フスパーラーム	宗教法	断片
宗教法関係④	サカートゥム	宗教法	断片
宗教法関係⑤	ウィーデーウダード	宗教法	ウィーデーウダード全 22 章（完全に現存）
宗教法関係⑥	チフルダード	神話的なアーリア人の歴史	断片
宗教法関係⑦	バガーン・ヤシュト	各神格への賛歌	ヤスナ 9-11, 57、ヤシュト 5-19

図表14：欽定『アベスターグ』全21巻の内容分類[24]

ー語〈三〜一〇世紀〉にはるかに先行するアーリア人の古語なのに対し、表記用の文字が開発されて書き記される時期の上では、逆にパフラヴィー語の後塵を拝している点である）。

また、それらの呪文を祭式用途からいったん切り離して、内容別に分類する上でも、並々ならぬ努力がうかがえる。サーサーン王朝時代のゾロアスター教神官団は、古代アーリア人の伝承や呪文を、おおまかに、

① ザラスシュトラ直伝の呪文（ガーサー）関係
② その他の古代アーリア人の呪文（マンスラ）関係
③ 古代アーリア人の宗教的な規定関係

の三種類に分けた。その上で、各区分をさらに七種類ずつの下位区分に分け、合計二一巻の堂々たる文献群として整備したのである（図表14参照）。

現存する『アベスターグ』とそれを補うパフラヴィー語文献

以上のように、聖書や仏典に対抗するべく書物化された欽定『アベスターグ』は、ザラスシュトラの教えと古代アーリア人の神話伝説を融合させた一大文献群として完成した。しかし、図表14の右コラムをご覧頂ければお分かりのように、サーサーン王朝時代の欽定『アベスターグ』は、残念ながら完全な形では現代に伝わっていない。後述のように、サーサーン王朝ペルシア帝国はアラブ人イスラーム教徒によって粉砕され、ゾロアスター教神官団が急激に勢力を失ったため、欽定『アベスターグ』の七〇パーセント以上は失われたのである。残っていれば、ゾロアスター教研究のみならず、古

代アーリア人研究に多大の貢献をしたであろう欽定『アベスターグ』の散逸は、世界文化史上の一大損失であった。

ただ、いくつか救いもある。まず、ザラスシュトラ直伝の「ガーサー」は完全形で残っている。また、ヤスナ祭式に使用する部分は、各巻に分散されていたものの、ほぼ完全に残っている。さらに、ウィーデーウダード祭式用の部分も無傷で残った。この残り方を見ると、当時のゾロアスター教神官団は、欽定『アベスターグ』を内容別分類で保持していたのか、祭式用分類で保持していたのか、疑問になる。一般神官の間では、欽定『アベスターグ』の内容別分類はあまり考慮されず、もっぱら祭式用の呪文としての編成が優先されていたのかも知れない。もし、イスラーム時代に入ってから、呪文が原始教団時代のままの形で残っただけだとしたら、サーサーン王朝時代に欽定『アベスターグ』を完成させた知的営為は空しかったことになる。特に、ザラスシュトラの生涯を扱った第七巻『スパンド』や、宇宙創生論を扱った第八巻『ダームダード』、古代アーリア人の神話的歴史を扱った第二〇巻『チフルダード』などの散逸は、欽定『アベスターグ』の豊饒な部分を一挙に失う痛恨事と考えられる。

だが、幸いにも、それら各巻のパフラヴィー語訳注『ザンド』をベースにして、翻案的なパフラヴィー語文献がいくつか残っている。後世の研究者としては、間接的な資料ながら、それらの欽定『アベスターグ』翻案パフラヴィー語文献に依拠して、失われた欽定『アベスターグ』の内容を復元することができる。今、欽定『アベスターグ』各巻とそれらの翻案的パフラヴィー語文献の対応を一覧表にすると、図表15が得られる。

欽定『アベスターグ』全 21 巻	各巻から材料を取った翻案的パフラヴィー語文献
第 2 巻スートカル	『デーンカルド』第 9 巻の一部、『ワフマン・ヤシュトのザンド』の前半部分
第 3 巻ワルシュトマーンサル	『デーンカルド』第 9 巻の一部
第 4 巻バグ	『デーンカルド』第 9 巻の一部
第 7 巻スパンド	『デーンカルド』第 5 巻前半と第 7 巻の教祖伝、『ザードスプラムの選集』の教祖伝、『パフラヴィー・リヴァーヤト』の教祖伝、『ジャーマースプの回想』第 16 ～ 17 章
第 8 巻ダームダード	『ブンダヒシュン』全巻、『ジャーマースプの回想』の第 2 ～ 3 章
第 12 巻バリシュ	『デーンカルド』第 6 巻の教訓文学、知恵文学的なパフラヴィー語文献全般
第 20 巻チフルダード	『ジャーマースプの回想』第 4 ～ 10、12、14 ～ 15 章

図表15：欽定『アベスターグ』と翻案的パフラヴィー語文献の対応表

以下では、これらの翻案的パフラヴィー語文献を活用して、原始教団の時代の呪文には見られなかったゾロアスター教思想の完成形を、①宇宙創生論、②神話的歴史、③教祖伝説の三つの角度から追究してみよう。

欽定『アベスターグ』の宇宙創生論

欽定『アベスターグ』の第八巻『ダームダード』は、パフラヴィー語文献『ブンダヒシュン』に翻案された。もちろん、『ブンダヒシュン』は、失われた『ダームダード』そのものでも、そのパフラヴィー語訳注『ザンド・イー・ダームダード』でもないが、その内容をうかがわせる現存唯一の貴重な手がかりである。

それによると、太古の昔、宇宙は善なる光の神アフラ・マズダー（パフラヴィー語形オフルマズド）の世界と悪なる暗黒の神アンラ・マンユ（パフラヴィー語形アフレマン）の世界に分離していた。その中間に虚空の神ヴァーユが挟まって、両者に接点はなかったらしい。しかし、ある時、暗黒の勢力が光の勢力に挑戦して、虚空が消滅し、善悪の要素が混合した。そこから、現在我々が生きているこの世界が生まれたのである。

当初、両者の戦闘は霊的な次元(メーノーグ界)で行われていたとされる。しかし、次第に実力行使に移って、この物質的な次元(ゲーティーグ界)での破滅的な大戦争が勃発した。ちなみに、『ブンダヒシュン』では、ここでギリシアから伝わったホロスコープの研究が挿入され、宇宙が成立した時点のホロスコープを占星術で再現しようとしているようなのだが、あまりにも難解で解読できていない。ギリシアの占星術の知識とパフラヴィー語の読解力をあわせ持つ研究者の登場が待たれる。

ともかく、こうしてアフラ・マズダーは、自らを防衛するためにつぎつぎに善なる創造物を繰り出し、アンラ・マンユは、それを攻撃するべく悪の反対創造を展開した。第一の戦闘は天空、第二は大地、第三は河川、第四は植物、第五は家畜、第六は最初の人間ガヨーマルト、第七は火、第八は恒天、第九はメーノーグ界の神々と悪魔、第一〇は星辰で、それぞれ善と悪の創造物が戦う。なお、『ブンダヒシュン』では、この後、それぞれの創造と反対創造の結果を詳細に解説しており、後半部分は宇宙創生論と言うよりは古代アーリア人の博物誌の観を呈している。ちなみに、『ブンダヒシュン』の完訳は欧米でも日本でも刊行されていないので、この部分を紹介できれば面白いのだが、紙数の都合で割愛せざるを得ない。最後に、世界が七つの州として形成され、その中心にアーリア民族が住まうエーラーン・シャフルが存在し、伝説的なカイ王朝がそれを統治したとされる。このあと、ゾロアスター教神官団の血統を述べ、アーリア民族の英雄伝説を紹介したところで、『ブンダヒシュン』は幕を閉じる。

以上が、サーサーン王朝時代にゾロアスター教神官団が集大成した宇宙創生論の概要である。必ずしも原始教団の中には見出せない古代アーリア人の諸宗教の要素（メーノーグ界とゲーティーグ界の区別など）を取り込みつつ、ザラスシュトラの教説を膨らませ、キリスト教やマーニー教、仏教に匹敵する宇宙論を形成したことが分かると思う。これが、ゾロアスター教が最終的に到達した世界観だった。

欽定『アベスターグ』の古代アーリア人の神話的歴史

欽定『アベスターグ』の第二〇巻『チフルダード』は、パフラヴィー語文献『ジャーマースプの回想』の一部に翻訳されている。本書は、幸いにも伊藤義教氏の日本語訳が公刊されているので、興味のある方はそちらを参照して頂きたい[25]。上述の宇宙創生論に上手く接続する形で、古代アーリア人の神話的歴史が述べられている。

それによると、アフラ・マズダーの第六創造で造られた最初の人間ガヨーマルトは、暗黒の勢力によってあっさりと打倒されて死んだ（ちなみに、ガヨーマルトは、人間の姿ではなく、球形をしていたと伝わる）。しかし、彼の精液は大地に染み込み、三〇年後にそこから植物が生えてきて、やがて現在あるような人間の男女の姿をとった。これが、マシュヤグとマシュヤーナグ兄妹である。この兄妹は、当然予想されるように最近親婚を行い、息子スヤーマグをもうけた。その子がホーシャングで、七州の天下を支配し、アーリア人最初の王朝ペーシュダード王朝の祖となった。この王朝はタフムーラス、ジャムシードと続き、いったんは悪の勢力を地上から駆逐して至福の王国を築いたものの、ジャムシードが次第に傲慢になり、王権の象徴フワルナフ（光輪）を失って、悪龍アジ・ダハーグに討たれた。

その後、この悪龍は、七州を一〇〇〇年間にわたって支配し、アーリア民族は塗炭の苦しみを味わった。だが、一〇〇〇年間が満了する日にジャムシードの末裔でペーシュダード王朝の正統後継者であるフレードーンが登場して、彼を討った。このフレードーンは、五〇〇年間七州を支配した。彼は、隠退する時に長男サルムにはローマを、次男トーズにはトゥルケスターンを、三男エーリズにはエーラーン・シャフルを分与した。しかし、最も優れたエーラーン・シャフルがエーリズに与えられたことに激怒した兄たちは、彼を殺害してエーラーン・シャフルの支配権を奪った。エーリズの遺児である少女ウェーザグは、ただ一人逃れて、隠棲していた祖父フレードーンに匿《かくま》われた。ここで、祖父と孫娘は最近親婚を行い、その結果生まれた息子マヌシュチフルが兄（または大伯父）たちを討って、エーラーン・シャフルの支配権を手中に収めた。彼の治世は、途中でトゥーラーン（現在のスィースターン州とバルーチスターン州）のアフラースィヤーブに敗れる波乱があったものの、何とか彼を撃退してからは、五〇〇年間の平和を保った。マヌシュチフルの後は、ウザウが統治した。ペーシュダード王朝がウザウで断絶すると、カイ王朝が始まり、カイ・カヴァード、カイ・カーヨース、カイ・ホスロー、カイ・ロフラースプ、カイ・ウィシュタースプと王位が継承された。このカイ・ウィシュタースプが、ザラスシュトラと同時代のアーリア民族の王である。

ここまでが、ザラスシュトラ出現に至るまでの古代アーリア人の神話的歴史である。おそらく、これは、原始ゾロアスター教教団の伝承以外に、サーサーン王朝が統合した古代アーリア人の伝承を集め、整合性のある歴史として編修したものである。そのような観点からは、『チフルダード』は、ゾロアスター教的な教義を超えて、古代アーリア人の文化全体を反映した民族遺産的な価値を持つ。

ちなみに、同様の古代アーリア人の歴史は、イスラーム時代に成立した近世ペルシア語叙事詩『シャー・ナーメ』にも見られ、両者は大筋で一致するが、また、顕著な相違も見出せる。例えば、最初の人間ガヨーマルト（近世ペルシア語ではカユーマルス）は、球形の異様な物体という設定では違和感があったのか、普通の王に書き換えられている。また、マシュヤグとマシュヤーナグ兄妹の最近親婚は、イスラーム的には受け入れられなかったのか、『シャー・ナーメ』では言及さえされず、スヤーマグがカユーマルスの子とされ、世代が一つずつ繰り上げられている。さらに、トゥーラーンを治めるアフラースィヤーブは、発音が似ていたためか、トゥルキスターンのテュルク人の王に変更され、イスラーム時代のアーリア人にとって不倶戴天の敵になったテュルク人の象徴とされている。このように、『ジャーマースプの回想』の『チフルダード』引用部分は、イスラーム時代に幾多の改変を加えられた『シャー・ナーメ』の原型を提供し、古代アーリア人が思い描いていた民族史をそのまま反映した貴重な資料となっている。

欽定『アベスターグ』の教祖伝説

欽定『アベスターグ』の第七巻『スパンド』は、パフラヴィー語文献『デーンカルド』の第五巻前半と第七巻に翻案されたと考えられている。本書は、幸いにも伊藤氏の日本語訳が公刊されているので、興味のある方はそちらを参照して頂きたい[26]。上述の古代アーリア人の神話的歴史に上手く接続する形で、ザラスシュトラ伝説が述べられている。

それによると、ザラスシュトラ（パフラヴィー語形でザルドシュトなど）は、ペーシュダード王朝のマヌシュチフル王の一二代の子孫に当たるポルシュ・アスパ（パフラヴィー語形でポルシャースプ）の子で、じつに由緒正しい血統に生まれた。しかも、彼は、メーノーグ界においてアフラ・マズダーが特別に創造した栄光のフワルナフ（光輪）が、ゲーティーグ界で人間の女性の母胎に降下して生まれたので、あらかじめ霊的世界と物質的世界の二重の祝福を受けていたことになる。

この聖なるフワルナフが地上に舞い降りて得るのを感知したカヤクやカルブといった邪教の神官たち（じつは古代アーリア人の諸宗教の神官たち）は、ザラスシュトラの抹殺を企んでいろいろの策を講じるものの、それらの計略はアフラ・マズダーの奇跡によってことごとく失敗に帰した。そして、ザラスシュトラは、哄笑しながら生まれたという。

ザラスシュトラは、三〇歳で、ウェフ・ダーイテー河のほとりで儀式用の水を汲んでいる時に、大天使ワフマンに出会った。そして、彼の導きでアフラ・マズダーとの対面を果たしたザラスシュトラは、この時以来、宗教的に覚醒したとされる。ただ、残念なことに、アフラ・マズダーとザラスシュトラがどのような対話をしたのか、『デーンカルド』第七巻の記述では省かれている。この後、ザラスシュトラは一〇年間に七回アフラ・マズダーと対面したとされるものの、時宜的な助言を除けば、どのような宗教的内容を示されたのか、ついに分からない。あるいは、現存しているガーサーの訳注である『デーンカルド』第九巻を読めば了解できるとして、あえて第七巻は外面的な伝記に終始したのかも知れない。

その後、一二年間、ザラスシュトラは放浪生活を送るが、四二歳の時、イラン高原のどこかにあったカウィ・ウィーシュタースパ（パフラヴィー語形でカイ・ウィシュタースプ）の王国に迎え入れられ、その宮廷で高位の処遇を与えられて、エーラーン・シャフル全域にゾロアスター教を広めたとされる。もちろん、史実の上では、ウィーシュタースパの王国は中央アジアからイラン高原東部の小国家に過ぎなかったし、原始教団の拡大ペースは緩慢だったと推定されている。古代アーリア人の諸宗教も、根強く残っていたはずである。しかし、サーサーン王朝時代の神官団の頭の中では、教祖の布教直後から、サーサーン王朝時代的な状況が一気に実現したと考えられたらしい。ちなみに、この『デーンカルド』第七巻では、ザラスシュトラは七七歳で死去したとされるものの、その状況は明確に語られてはいない。

3. ゾロアスター教教義の確立 ②独立パフラヴィー語文献の護教神学

サーサーン王朝時代独自のゾロアスター教思想

以上のように、欽定『アベスターグ』とその翻案的パフラヴィー語文献から、サーサーン王朝時代のゾロアスター教思想のコアをうかがうことができた。しかし、欽定『アベスターグ』は、古代アーリア人の過去の遺産の総括ではあっても、サーサーン王朝時代に発生した宗教的な諸問題を直接解決

文献	内容
『デーンカルド』第３巻	全 420 章で、現存する『デーンカルド』の約半分を占める。統一した主題はなく、各章が独立して１つの主題を扱っている。大まかに分けると、「邪教徒への反駁」、「王権と宗教の関係」、「エーラーンの社会制度」、「医学」などに分類される。
『デーンカルド』第４巻	『デーンカルド』各巻の中で最短で、主題も不統一である。最初は、絶対一者からの各アメシャ・スペンタの流出を説き、新プラトン主義的な世界観を示している。次いで、創造物の役割、時間と運命に関する考察、音楽、形而上学的な考察、天文学、医学と続く。
『デーンカルド』第５巻	本巻は、前半部分と後半部分に分かれる。前半では、ゾロアスター教神学を解説している。内容はアーリア民族主義的で、イスラームとアラブ人に対する敵意、マーニー教に対する敵意、救世主待望論などである。後半では、キリスト教徒に回答して、存在に関する形而上学、悪の原理、祭式などを解説している。
『断疑論』	本書は、ゾロアスター教徒マルダーン・ファッラフが、ゾロアスター教と他宗教の優劣を論じた全 16 章の著作である。前半は、ゾロアスター教護教論である。後半は、無神論者、イスラーム、ユダヤ教、キリスト教、マーニー教に対する論駁である。
『知識を求める少年』	クスティーグ（ゾロアスター教徒のシンボルである聖紐）着用の理由を年少者に解き明かす小冊子である。
『許可不許可』	ゾロアスター教の多様な宗教的規範と清浄法について、10 章にわたって解説した文献である。大部分は、『ザンド』に依拠しながら執筆されている。
『ゾロアスターの教訓の書』	本書は、ゾロアスター教の教義要綱である。４世紀の大神官アードゥルバード・イー・マフラスパンダーンが、息子であるザルドシュト（ゾロアスター）に示したスタイルなので、『ゾロアスターの教訓の書』と命名された。

図表16：代表的なパフラヴィー語ゾロアスター教神学文献

する神学ではない。それらの問題は、欽定『アベスターグ』とは別に、パフラヴィー語で独自に執筆された護教神学文献の中で取り扱われている。ここで、代表的なパフラヴィー語のゾロアスター教神学文献をまとめると、図表16が得られる。

以下では、これらのパフラヴ

ィー語ゾロアスター教神学文献の中でも、特に『デーンカルド』第三巻を参照しながら、サーサーン王朝時代に独自に発達したゾロアスター教護教神学を概観したい。本書については、伊藤氏の日本語訳が公刊されているので、興味のある方はそちらを参照願いたい[27]。

時間論

原始教団の時代には思いも及ばず、欽定『アベスターグ』で取り扱われていなかったテーマの一つに、ギリシア哲学に触発されたと思しき時間論がある。ゾロアスター教神官団は、この問題を、いかにも彼ららしい二元論的な構図の中で描き出そうと試みた。以下、伊藤氏の『デーンカルド』第三巻の翻訳から引用させて頂く。

（第二七章）時間の色と（その）色のなにものなるか、および誰が色をもって染めたのか、について。ウェフ・デーン（ゾロアスター教）の示教から。

さて、時間の色たる善性と悪性についてであるが、善性はスペンナーグ・メーノーグそれ自体が実質となっているもので、悪性はガナーグ・メーノーグが外部から到来して実質となっているものである。（中略）

創造主オフルマズドが時間を色では善で染めた理由は、諸創造物が実質の面で美から成長し、そして、それによって悪根源より出ている敵襲的悪を制圧するためである。また悪で（染めた）という理由は破壊するために創造物に外部から来た敵襲的悪のことであるが、原初の創造からフラショギルドまでの時間の間では、創造物の合力が耐え得ないためである。(こうして) 力は分断されても、耐えている中に復元作用と始動作用があり、またフラショギルドへの創造物の結びつきがあり、これらは時間の間において悪を制圧する善の力である。そして時間は悪の色の方をより多く有している。

この時間の中における、善よりも多い悪のそれは経過と共にあり、それの長さ (一二〇〇〇年) こそ一切 (悪) を制圧するものであることは、このようなものです。即ちフラショギルドの「時」は善の力をもって、もろもろの時代ともろもろの時における悪を悉く制圧することであり、その「時」はフラショギルドが善を以て清浄に存立することであって、これによって破壊霊の亡び、創造物への息吹の付与、最終身体およびすべての善き創造物の不死 (と) 至福が、創造主の叡智ある御はからい、御意、御力によって到来することになるのである。

プラトンが「不変なイデア界にはあり得ず、移ろいゆく現象界に特有なもの」と考え、アリストテレスが「客観的な運動の量」と定義したギリシア哲学的な「時間」に対し、ゾロアスター教神官団が出した答えがこれである。時間の流れの正体は、内発的な善と外発的な悪の混合であり、それが一万二〇〇〇年の経過とフラショギルドの「時」によって浄化され、善の完全な勝利が齎される。原始ゾロアスター教の時間論は、一回性・直線性のゆえにユダヤ教・キリスト教に影響を与えたとされるが、サーサーン王朝時代のゾロアスター教神官団は、「時」の到来が否応なくすべてを解決するという運命論に行き着いていた。

存在物の分類

また、時間論と並ぶ哲学的思惟の萌芽として、存在物の分類も挙げられる。以下、伊藤氏の翻訳から引用させて頂く。

（第五一章）諸存在物の種類について。ウェフ・デーンの示教から。

さて存在物の種類はこの三のみ。一つはその自性が不滅でその衣服が不可分なるもの。又一つはその自性が不滅でその衣服が可分なるもの。又一つはその自性が可滅でその衣服が不可分なもの。

(1)目に見えぬ諸存在物の中でその自性が不滅にしてその衣が不可分なるはアマフラスパンドたちで、彼等の自性の不滅性は不滅・饒益的であるという彼等の定義から明らかであり、また彼等の衣服の不可分性はオフルマズドとワフマンなるアマフラスパンドは高貴なる霊であり、体の守護者も（これら二種の）アマフラスパンドであるということから明らかである。（中略）

(2)またその自性が不滅で且つその衣服が可分なるものは一般的に人間で、彼等の不滅なる霊という自性と混合界において可分なる身体という衣服が相合一することによって彼（等）は人間とよばれ、ゲーティーグ的諸創造物中の最高者となっている。又、ゲーティーグ的存在物の中でその自性の不滅性と衣服の可分性により、デーンによれば、すべて益畜も（同様である）。これは人間やその他のゲーティーグ的諸創造物を、彼等のメーノーグ的なるアマフラスパンド——これは彼等の不死なる自性である——と可分なる形体と共なるものとして定義するもの。同じ主類の定義に人間と益富も入れるということも重要である。（中略）

(3)また、その自性が可滅にしてその衣服が可分なるものは悪魔と狼と有害生物。ウェフ・デーンからの力により、ゾロアスターの最初の宣教により、諸デーウの軀体は裂けウシェーダルのによって狼のも、ウシェーダルマーフのによってフラフスタルも軀体が裂ける。そして彼等の自性はかのフラショギルドの力と利益的な勝利者の到来とによってことごとく消失する。彼等の全面消失により、人間の自性即不滅の霊と身体即衣服は益畜とともに以後、不滅の自性と分離することなきものとなり、霊は歓喜に充ち清浄にして敵対者なき世界においてつねに主動者となり、創造主の創造物から新しくしかつ元に戻すこと、分離することなき安住があらわれるであろう。

以上、アリストテレス哲学が個々の存在物を形相と質料の合成と解したのに対し、ゾロアスター教神学では、①自性と衣服（身体）の区別、②自性の可滅・不滅、③衣服の可分・不可分を基準として、諸存在物を分類する。この基準が導く分類は、善悪二元論から離脱して、「善なる自性不滅・衣服不可分存在＝神・天使」、「善なる自性不滅・衣服可分存在＝人間・益畜」、「悪なる自性可滅・衣服可分存在＝悪魔・害畜」の三段階の区別を可能にしている。そして、上述の時間の流れの中で、「悪なる存在」が消滅するとともに、「善なる自性不滅・衣服可分存在」である人間は、「善なる自性不滅・衣服不可分存在」である神の領域にまで昇華し、身体をともなったまま至福の状態に達するとされる。

アーリア民族主義

以上のようなゾロアスター教思想の神学的補強とは別に、サーサーン王朝のゾロアスター教には、アーリア民族中心主義が顕著になってくる。ゾロアスター教神官団の考えでは、世界はエーラーン・シャフルを宗主国とし、その周辺に属国が蝟集《いしゅう》していると観念されていた。以下、伊藤氏の翻訳から引用させて頂く。

（第二九章）エーラーン国外の諸地域の認めらるべき色について。ウェフ・デーンの示教から。

さて、エーラーン国を盟主／宗主国とする諸地域・諸支国に認めらるべき律法と宗教は、宗主国たるエーラーンの同じ最高の律法と宗教である。そして、この律法と宗教がそれ（ら諸地域）に到来することから幸いと利が増大することは、例えばエーラーンの律法から支配権（王権）とともに、それらが到来したごときである。（中略）エーラーンの（傘下にある）他の小王たちたるものどもも、彼等が（エーラーンの）法を受け入れ、正統の国主（大王）を支持するかぎり、常に、彼等は、暴行に望みをかけての欺瞞者となり、また殺傷しつつ打倒者や殺害者や進撃者となったことはなく、それ（法）に争わずして律法のしもべとなったのである。なぜなら、彼等は（それを）奉じそれによって（法を）栄えさせ、そしてデーンからそこにも蔓延していたそれ（邪教的デーン）を、マズダー祭儀教の力と威力と光輪によって、彼等仇敵からくる統御の中にあり乍ら、除去したからで、それというのも、彼等に利と平安があらわれたのである。（しかし、）ドグマから彼等に降りかかり、そしてそれによって（彼等が）つまづいていたものたちの回心が見えるようになるからで、それは例えばイエスのドグマは小アジアから、モーセのそれはハザル国から、マーニーのそれはトゥルケスターンから、彼等がもと有していた勇気と勇猛が除去されて、仲間どもの中では下劣と転落の立場に投じられ、そして、マーニーのそれ（ドグマ）は小アジアから哲学も（それを）制圧したごとくである。

ゾロアスター教神官団によれば、エーラーン・シャフルが採用した正義の宗教は、周辺の属国にもあまねく宣布されるべきで、それによって世界秩序が保たれる。ただ、残念にも、小アジアにはキリスト教が、ハザル国（ヴォルガ下流域）にはユダヤ教が、中央アジアにはマーニー教があって、これを妨げているのである。

キリスト教反駁

このアーリア民族主義の最大の敵対者がキリスト教であり、ゾロアスター教神官は同教への反駁《はんばく》に余念がない。特に、同教の弱点として彼らが注目したのが、善悪二元論と並んで、三位一体論であった。以下、伊藤氏の翻訳から引用させて頂く。

（第四〇章）顕在者の存在と顕現について。ウェフ・デーンの宗教から。

（前略）また、創造主は父・子として唯一者であり、父は子より先ならず、子も父より先ならずして、両者は共に根源者にして永遠なるものと説くドグマ者たちについていえば、共存したということは許されない。一つの歪曲は、それが（唯）一者自身を説くこと自体であり、（もう一つの）歪曲は、二先行者を立てて二者は互いに先行し、また二者は互いに後出すると彼等が解していることである。

（彼等が）父・子を語ることについていえば、父たる身分と子たる身分において両者は互いに先ならず、また互いに後ならずということは、事物の系譜（系脈）の方向においては、本性上子より前なる父にもなく、彼（父）からの所出たる子にもないことであり、また本性上父の後であり、かつ父から所出たる子にもないことである。

ゾロアスター教神官団からは、キリスト教はこの点で矛盾した内容を述べる邪教だと理解されていたようである。ただ、三位一体論に対する論駁としては、精霊に関する言及が一切ない。ゾロアスター教神官団は、三位一体論を、父なる神と子なる神を同一視する教えと理解していたらしい。

王権と宗教の相互依存

最後に、王権と宗教の関係に関する見解を参照しよう。以下、伊藤氏の翻訳から引用させて頂く。

（第五八章）王権とデーンについて。ウェフ・デーンの示教から。

さて、「王権即ちデーンにしてデーン即王権」とはウェフ・デーンの示教から出た基本的存在で、これは、説が矛盾しているものたちの主張の中においてもその点では合意されており、そのかれらは王権はデーンの上に（そして）デーンは王権の上に確立すると説いているのである。これはまさに善き人々のデーンの根幹たる根源という語は「オフルマズドの下僕たる身分への堅信とデーンの高揚は相互不可分であり、エーラーンの王権の高揚はデーンやオフルマズドの下僕たる身分から来たり、デーンが最高位にあることは王権から来る」であると、こういうことだ。かくて両者が正しい王権とウェフ・デーンとが合一することにより、かつまたウェフ・デーンと正しい王権が合一することによって、諸創造物と密着すれば、特に光輝と利を大きくするであろう。これ即ちウェフ・デーンのこの語すなわち「王権即デーン、デーン即王権とは基本的にはこういうこと……無王権は邪教にして邪教は無王権」ということ。

この相互依存関係から見れば、当時のゾロアスター教神官団を「ゾロアスター教カトリック教会」と称し、その守護者であったサーサーン王朝皇帝を「ドイツ国民の神聖ローマ帝国皇帝」をもじって「アーリア民族の神聖ペルシア帝国皇帝」と捉えることができるかも知れない。それほど、サーサーン王朝ではゾロアスター教神官団と王権の関係が密接であった。

題名	内容
『ゾロアスターの占星術の書』	本書の原本は、「スィドンのドロテウス」によるギリシア語占星術書である。そのパフラヴィー語訳は、6 世紀中期に成立したと見られる。それを基に、7 世紀にパフラヴィー語改訳版が作成され、それから 750 年ごろにアラビア語訳が作成された。
『カリーラとディムナ』[28]	本書の原本は、6 世紀にインドからイランに齎された サンスクリット語の動物寓話『パンチャタントラ』のパフラヴィー語訳とされる。それを、イブン・ムカッファウ（721 ～ 756 年）がアラビア語訳したのが、本書である。
『永遠の叡智』	本書は、ホーシャングによって執筆された格言集であるとのスタイルをとっている。前半はイスラーム的な伝説であり、後半はゾロアスター教的な伝説である。ミスカワイフ（936 ～ 1030 年）は、10 世紀ごろに本書を発見し、現在の形に編集したと主張している。
『ホスロー 1 世の伝記』	上述のミスカワイフは、歴史書『諸民族の経験』を著し、その中にパフラヴィー語文献のアラビア語訳をいくつか転載している。本書はその内の 1 つで、ホスロー 1 世の軍制改革、税制改革、翻訳活動などについて記述している。
『アルダシール・イブン・バーバクの格言』	本書も、ミスカワイフの『諸民族の経験』所収のパフラヴィー語文献アラビア語訳の 1 冊である。内容は、アルダフシール 1 世が後継者たちに帝国統治の要諦を諭すスタイルで、有名な「宗教と王権は双生児」の格言も本書に由来する。

図表17：代表的なパフラヴィー語文献翻訳アラビア語文献

4. ゾロアスター教教義の確立 ③アラビア語・近世ペルシア語文献に翻訳された教訓文学・歴史物語

アラビア語・近世ペルシア語に翻訳されたパフラヴィー語文献

サーサーン王朝時代独自のゾロアスター教思想をうかがわせる資料は、上述の独立パフラヴィー語文献ばかりではない。サーサーン王朝が滅び、ゾロアスター教神官団が四散した後、膨大なパフラヴィー語文献のかなりの部分が散逸した。しかし、それらの一部が、イスラームに

題名	内容
『シャー・ナーメ』[29]	本書は、フェルドウスィー（924?～1020年?）が、アーリア人の神話・伝説を集大成した叙事詩である。彼のソースは、パフラヴィー語の『王書』原本と、それをイブン・ムカッファウがアラビア語訳した『王書』とされる。本書の内容は、①創世記、②ペーシュダード王朝史、③カイ王朝史、④アルシャク王朝史、⑤サーサーン王朝史の5部から成る。また、スィースターン州の英雄ロスタムの役割が飛躍的に高まっている。
『ヴィースとラーミーン』[30]	本書は、旧パルティア地域で伝承されていたアルシャク王朝時代の物語を、ゴルガーニー（1050年以降没）が編集した叙事詩である。内容は、騎士道華やかなりしアルシャク王朝の、ゴーダルズ家とカーレーン家の物語がベースになっている。
『ホスローとシーリーン』[31]	本書は、ネザーミー（1140?～1209年）が、サーサーン王朝のホスロー2世と彼の寵姫のエピソードを題材に詠んだ叙事詩である。彼は、史実に想を得て、ホスロー2世とキリスト教徒女性シーリーンの悲恋の物語を創作し、ホスロー2世の恋敵ファルハード、ホスロー2世に反抗してついに彼を暗殺する息子シーローエーなどを配し、叙事詩を完成させた。

図表18：代表的なパフラヴィー語文献翻訳近世ペルシア語文献

改宗したアーリア人によってアラビア語と近世ペルシア語に翻訳され、現代まで伝わっているのである。

ゾロアスター教研究上、これらのアラビア語・近世ペルシア語翻訳文献は軽視されがちだが、サーサーン王朝時代のゾロアスター教思想の実態を知る上では、決して無視できない。代表的なパフラヴィー語文献翻訳アラビア語文献をまとめると、図表17が得られる。

イスラームに改宗したアーリア人が翻訳したパフラヴィー語文献は、アラビア語訳だけに留まらない。イスラーム世界全域への普及を意識したアラビア語への翻訳とは異なり、改宗アーリア人内部だけの流通を意図した近世ペルシア語訳も、同じように作成されている。それらの中の主要なものをまとめると、上の図表18が得られる。

教訓文学＝王権と宗教が最大テーマ

アラビア語に翻訳されたパフラヴィー語文献の内容は、占星術書を除けば、神話上の英雄やサーサーン王朝の皇帝に仮託された教訓文学である。その内容は多岐にわたるが、歴史上の皇帝に仮託される場合は、王権と宗教の関係に関しての考察が多い。このサーサーン王朝皇帝による王権と宗教に関する箴言《しんげん》は、アッバース王朝時代によく読まれたらしい。当時の通念では、

サーサーン王朝ペルシア帝国＝前王朝であるアルシャク王朝支配下で危殆《きたい》に瀕《ひん》していたゾロアスター教を復興させた祭政一致の帝国。ゾロアスター教神官団は、二〇世紀の社会主義国家において共産党が政府を指導したように、帝国の官僚組織に浸透してアーリア民族を指導した。

アッバース王朝イスラーム帝国＝前王朝であるウマイヤ王朝支配下で危殆に瀕していたイスラームを復興させた祭政一致の帝国。ウラマーは、帝国の官僚組織をチェックして、政府をイスラーム的規範に従わせる義務がある。

と、きわめてパラレルに捉えられていた。例えば、時の詩人アブドゥッラー・ムゥタッズがカリフを讃える詩では、「彼（カリフ）が崩壊した帝国を再建した時、彼はペルシア皇帝アルダシール（一世）に生き写しだった」と詠まれ、シャーハーン・シャーに似ていることが、カリフへの褒辞《ほうじ》となった[32]。このため、シャーハーン・シャーの箴言はカリフにとって範とするに足ると考えられていた。

歴史物語＝ゾロアスター教的通念の反映

アラビア語に翻訳されたパフラヴィー語文献の内容が、古代ペルシアからイスラーム的理念へのア

ドバイスだったのに対し、近世ペルシア語訳されたパフラヴィー語文献には、アーリア人にのみ通用する歴史物語が多い。その内容も、史実の追究よりは、英雄豪傑の活躍やヒーローとヒロインの悲恋など、娯楽色の強いものになっている。

しかして、その背景のところどころに、当時の一般常識としてのゾロアスター教的通念をうかがうことができる。例えば、『ヴィースとラーミーン』は、メルヴの王モーベドがメディアの王女ヴィースに求婚するも、彼女は実兄ヴィールーと結婚するという、最近親婚を前提としたロマンスとなっている。もし、ゾロアスター教に関する知識がなかったら、単なる近親相姦のストーリーであろう。また、作中では、ホラーサーン州に設置されたアードゥル・ブルゼーンミフル聖火が重要な役割を果たしており、同聖火がアルシャク王朝時代からイラン高原東部の中心的な聖火として崇拝されていたことを示している。

5. ゾロアスター教神官団とエーラーン・シャフルの宗教的護持

エーラーン・シャフル浄化の使命

宗教思想の次には、国家体制と密着してゾロアスター教思想を整備してきた神官団が、どのような形でサーサーン王朝に貢献したかを概観しよう。ただし本書では、ゾロアスター教神官団の官僚への転化、司法関係の掌握、大土地所有から政権を左右する政治勢力への台頭など、制度的な側面は除外し、もっぱら宗教的側面に集中したい。

すでに第二章第三節で述べたように、ゾロアスター教は独特の浄・不浄観念を持ち、ゾロアスター教徒は不浄＝悪から身を護るべく、聖火によって結界を張り、聖呪を唱える。この「防御的な白魔術」が国家レベルまでエスカレートすると、この観念を共有するアーリア民族の住まう地域は「浄化された善なる世界」であり、この観念を共有しない非アーリア民族の住まう地域は「不浄の悪なる世界」と想定される。そして、民族全体の浄化という大任を担うゾロアスター教神官団は、異民族の不浄からエーラーン・シャフル全体を防衛するべく、個々のアーリア人を防衛するよりはるかに強力な結界を必要とすることになる。強力な結界のためには、当然、強力な聖火が要請される。かくて、鎮護国家の目的のために、アルシャク王朝時代よりも組織的で強化された聖火が要請され、エーラーン・シャフル全土に設置される運びとなった。

拝火神殿の誕生

これまでイラン高原のアーリア人は、特定の聖地とか聖火、拝火神殿を、理論上は持たずに過ごしてきた。牧畜を生業とした部族社会の時代には、単に火種を入れた壺を携えて季節的な移動を繰り返していたと考えられるし、ハカーマニシュ王朝時代になっても、ギリシア人によれば、彼らは露天で祈っていた。アルシャク王朝時代になると、特定の聖火を浄化力が強いものとして尊重する観念が発生し、部分的にはキャンガーヴァルのように、固定的な地点を聖地とみなして、そこに恒久的な拝火神殿を設置する発想の萌芽が見られる。これは、セレウコス王朝時代にイラン高原に移住したギリシ

サーサーン王朝時代に建設された拝火神殿遺跡の1つ。特にペルシア州では、このような遺跡が数多く残っている。イラン・ペルシア州ホンジ近郊にて。

ア人の偶像崇拝神殿の影響かも知れない。しかし、イラン高原全体を律するような聖地観念、固定的な聖火観念は、いまだなかったのではないかと考えられる。

　だが、サーサーン王朝時代に入ると、社会的な条件に変化が起こったのか、建築技術が底上げされたのか、ある特定の土地にある特定の聖火を祀るために、恒久的な拝火神殿を建設するようになる。それらは、オープン形式の拝火壇、密閉形式の種火庫、神殿に仕える専属神官の住居、それらを囲む塀で構成される。現存する最も巨大な遺構は、後述のアードゥル・グシュナスプ聖火を祀るガンザクの拝火神殿で、小高い丘とその中心の湖水全体を、城壁と回廊で囲っている。より小規模な拝火神殿（チャハール・ターク）の遺構は、ペルシア州のキャラバン・ルート沿いを中心に、イラン高原各地に見出せる。

エーラーン・シャフルを守護する聖火群

このようにしてイラン高原各地に設置された聖火と拝火神殿のランクや配置については、上述のパフラヴィー語文献『ブンダヒシュン』と、イスラーム教徒が執筆したアラビア語の歴史書・地理書に詳しい。『ブンダヒシュン』によると、

①　アードゥル・ファッローバイ聖火：神官階級の守護聖火
②　アードゥル・グシュナスプ聖火：軍人貴族階級の守護聖火
③　アードゥル・ブルゼーンミフル聖火：農民階級の守護聖火

の三つが最もランクが高く、それぞれ、イラン高原の南西ペルシア州、北西アゼルバイジャン州、北東ホラーサーン州に祀られて、帝国を守護することになっている。しかし、アーリア民族の三階級制度に対応する聖火としてはこれで良いのだが、エーラーン・シャフルの四方面を守護するには一聖火足りない。そこで、

④　カルコーグの聖火

がエーラーン・シャフルの南東スィースターン州に設置され、「第四の聖火」と讃えられた。

以上の「三大聖火＋カルコーグの聖火」に続く存在として、『ブンダヒシュン』では各主要都市の聖火が挙げられている。

⑤　夏の仮首都ハマダーンの聖火
⑥　クーミシュの聖火
⑦　バフラーン（該当地不明）の聖火

また、『ブンダヒシュン』に言及された以外で、アラビア語文献にのみ現れる聖火については、主

要なものをピックアップすると一四聖火を抽出できるのだが、そのうちの一〇聖火までがペルシア州所在である。ちなみに、それ以外の四聖火のうち、一つは確実に実在しなかったので、大聖火以外の通常聖火のかなりの部分は、ペルシア州に集中していたことが分かる。さらに、『ブンダヒシュン』で言及された聖火とあわせても、（実在しないコンスタンティノープルの聖火を除いて）すべての聖火が、アーリア人が住まうイラン高原と中央アジアに集中している。逆に、サーサーン王朝の政治的中枢が置かれていたメソポタミア平原は、セム系アラム人やアラブ人が住まう土地であるゆえか、ゾロアスター教聖火が一つも置かれていない。

以上の状況をゾロアスター教神官団の宗教観念に照らすと、サーサーン王朝の領域の中でもさらに浄・不浄のグラデーションがあったことがうかがえる。すなわち、エーラーン・シャフルの中でも、最も清浄で悪の攻撃から守られている地域は、神官団の本拠地ペルシア州である。善なる領域はここから拡大して、アゼルバイジャン州、ホラーサーン州、スィースターン州までを覆い、イラン高原全域をカバーする。さらに、アーリア系のソグド人やサカ人が住まう中央アジアは、サーサーン王朝ペルシア帝国の領域ではないにもかかわらず、宗教的にはゾロアスター教によって守護された土地に数えられる。対照的に、メソポタミア平原は、サーサーン王朝の帝都所在地なのにもかかわらず、ゾロアスター教的には見放されていたようである。

聖地観念と巡礼

インド亜大陸のアーリア人は、ヴェーダの時代には聖地の観念を欠いたとされるものの、紀元前後のころから聖地巡礼の爆発的な隆盛を見た。これに対して、イラン高原のアーリア人は、サーサーン王朝時代になって拝火神殿を建設し、一見すると聖地観念や巡礼行為を可能にする外的条件が整った。しかし、パフラヴィー語文献を参照する範囲内では、これらの聖火を祀る拝火神殿を「聖地」と捉え、一般のゾロアスター教徒が巡礼するような様子はうかがえない。

仮に、記録に残っていないがゆえに、サーサーン王朝時代のゾロアスター教徒には「聖地巡礼」の慣行が発生しなかったとするなら、いくつかの理由づけが考えられる。まず、それらの聖火は神官団の独占物で、一般信徒はそれらを拝むことを許されていなかった。また、ゾロアスター教では聖火自体が移動可能・分祀可能な礼拝対象なので、ある拝火神殿の聖火を比較的自由に勧請することができた。最後に、拝火神殿の側でも、国家宗教として荘園領などからの収入があったので、「聖地」として売り出す必要がなかった。ただ、以上は仮説であって、ゾロアスター教における聖地観念や巡礼行為は、今後の検討課題である。

6. サーサーン王朝下のゾロアスター教文化

サーサーン王朝社会

最後に、このゾロアスター教神官団に指導されたサーサーン王朝下の文化全般について概観したい。サーサーン王朝ペルシア帝国は、良い意味でも悪い意味でも、イラン高原に移動して千余年のアーリア人文化の総決算だった。エーラーン・シャフルに生まれたアーリア人は、出生によって神官階級・軍人貴族階級・農民階級に分類され、自分の所属階級からは容易に抜け出すことができなかった。その固定化された社会の頂点に君臨するのがシャーハーン・シャー（ペルシア皇帝）であり、各地に分封された皇族王、七大貴族、一般貴族である。また、帝国内での知的活動は、識字階級であるゾロアスター教神官団によって独占された。この側面から見るならば、サーサーン王朝社会には、自由を欠いた抑圧的な色彩が強くなる。

しかし、広大な帝国の富を集中した皇帝や貴族の宮廷とゾロアスター教神官団の内部では、莫大な財力を背景に華麗な文化が花開いた。この側面から見れば、社会の上層部の絢爛《けんらん》たるペルシア文化を称揚することも可能である。以下では、主として後者の視点から、サーサーン王朝時代のゾロアスター教徒文化を包括的に概観したい。

音楽

知られている範囲内では、イラン高原のアーリア人の音楽は、楽器としてチャング（ペルシア風竪琴）、ヴィン（ペルシア風弦楽器）、タンブール（ペルシア風ギター）、バルブド（ペルシア風ツィター）、ドゥンバラグ（ペルシア風横笛）、チャンバル（タンバリンの語源）、ウード（リュートの語源）などを用い、宮廷の宴席で催される歌舞音曲から発達した（ちなみに、ホスロー二世時代の宮廷雅楽の様子が、ターゲ・ボスターンのレリーフに彫られている）。上記の楽器の中でも、チャングを奏でてソプラノで歌う美姫《びき》が最高の演奏者とされ、皇帝や貴族の寵愛を受けた[33]。

これらの楽器を用いて演奏される宮廷音楽は、ホスロー二世の宮廷音楽家バールバドが「ホスラヴァーニー調」として集大成したと考えられている。彼が編集した三六〇種類のメロディーが、西アジアで完成された最古の音楽理論とされるものの、現在のところ、それを再現する手段はない。また、本来はメロディーと対になって踊られたはずの舞踏については、サーサーン王朝が滅んだ後で、それらを嫌うイスラーム教徒の迫害に遭ったか、何の資料も残っていない。

ゾロアスター教には、現世の享楽を悪とする発想はなく、むしろ適度な享楽を善と捉えるから、音楽がゾロアスター教神官団によって排斥されるケースはなかった。それどころか、サーサーン王朝の宮廷では、芸術家・技術者の中で音楽家の占める位置が最も高く、尊敬を集めていたとされる。従って、宮廷で洗練された歌舞音曲が、そのまま各地方の貴族の宴席で再現されたと考えて差し支えなく、イラン高原の各州まで「ホスラヴァーニー調」が波及したであろう。現在生き残っているヤズド州のゾロアスター教徒の民謡「ハーナシェムウォフー」などがその系譜上にあるとしたら、サーサーン王朝の音楽は、短調で哀愁を帯びたメロディーに特徴がある。

絵画

サーサーン王朝時代の絵画は、現在のところ一枚も残っていない。文献上の記述から推測すると、マーニー教の教祖マーニー・ハイイェーが天才的画家とされるなど、この当時の絵画技術は相当の水準にあったようである。また、「サーサーン王朝皇帝が亡くなった場合、当代最高の画家が招かれて彼の肖像画を描き、帝国内の貴族の家に保管された」とか、一〇世紀のイスラーム教徒が「スタフルの貴族の家庭で、サーサーン王朝歴代皇帝の肖像画を見た」と伝わっているから、サーサーン王朝貴族には、皇帝の肖像画を掲げる習慣があったのかも知れない。

ゾロアスター教神官団は、宗教的な対象を造形化することを厳しく禁じており、少なくともサーサーン王朝の領域内では、ゾロアスター教の神々や教祖の絵画が発見される可能性は少ない。もし、古代アーリア人の宗教的な造形美術の能力を確認するとしたら、中央アジアから中国華北地方に拡大していったソグド人ゾロアスター教徒によるレリーフを参照しなくてはならない。

料理

ゾロアスター教は、ヒンドゥー教やイスラームと異なって、食材のタブーがなく、信徒は牛でも豚でも自由に食べることができる。マーニー教のように断食が宗教的に価値ある行為とみなされることもなく、逆に、悪との戦闘力を削ぐ否定的行為と捉えられていた。イラン高原では肉食をしなくては生きていけないので、菜食主義が高い評価を得ることもない。ゾロアスター教では、飲酒も人生の楽しみの一つであり、それを無理に諦めなくてはならない理由はない(こう見てくると、インド亜大陸のアーリア人が厭世的な世界観を抱いて菜食主義や断食に走ったのは、古代アーリア人に共通の発想ではなく、インド亜大陸に特有の事情があったとしか思えない)。

また、イラン高原では、インド亜大陸のアーリア人のように階級別の浄・不浄の観念が極端に発達することもなかったから、食事の形式や食器のタブーも見かけられない。ただし、調理の際には聖なる火を用いるので、イラン高原における正式な料理は、より清浄な存在である男性の仕事と考えられていた。さらに、宗教的な観念とは別に、テーブル・マナーに関しては、テーブル・スピーチの様式のみを記したパフラヴィー語文献『食卓での言葉について』[34]が残っているほど、洗練されたエチケットが要求された。

サーサーン王朝のヴァフラーム5世ゴールが、狩猟用の離宮としてペルシア州東部に建設したサルヴェスターンの宮殿遺跡。この一帯には、ペルシア料理の最高食材であるゴールが多く生息していたのか？　イラン・ペルシア州シーラーズ東方にて。

このように、宗教的な観点からはかなり自由が利いたサーサーン王朝時代の料理では、調理の基本は肉だった。その選択眼が、アーリア人の基礎教養の一つになっている。食用に供される肉の種類には、雄牛、ペルシア野生驢馬《ろば》、山牛、猪、駱《らく》駝《だ》、野牛、飼育用騾馬《らば》、豚などがあるが、この中で最も望ましいのは、干草と大麦で育った雄のペルシア野生驢馬（パフラヴィー語でゴール）の肉とされる。ちなみに、サーサーン王朝の皇帝の一人ヴァフラーム五世は、このゴールの狩猟が得意だったので、「ヴァフラーム五世ゴール」という渾《あだ》名《な》で呼ばれていた。そのゴールの肉を乳酸の中に漬け、調味料で味つけしたものがサーサーン王朝における最高級の美味だったらしい[35]。これ以外の肉の調理法については、パフラヴィー語文献には、「母乳で育てられた生後二ヵ月の子羊、オリーヴ・ジュースを擦《す》り込んだ内臓、牛汁で調理され、砂糖キャンディーとともに食べる雄牛の胸肉」が最高の食事であると記されている[36]。

肉以外の主食としては、ペルシア風炒飯（パフラヴィー語でピラーヴ。ピラフの語源である）や、ナーンを食べていた。また、肉食ばかりでは健康に悪いと思ったか、果物としてオレンジ（ナーラング。オレンジの語源である）、桃（シャフタールーグ）、ザクロ（アナール）を摂ったらしい。ちなみに、今日でも、イランでジュースと言えばザクロ・ジュースである。この他、王侯貴族のデザートとして、氷室で保存していた氷菓シャーベットに甘いシロップをかけて食べていた。

飲酒に関しては、イラン高原は乾燥しているので、果樹園（ブースターン）が発達し、葡萄《ぶどう》の栽培に適している。このため、ワインの製造が盛んだった。パフラヴィー語では、葡萄そのものを「アングール」、その果実酒であるワインを「ブーダグ」と称するが、後者の単語がシルクロードを伝って中国・日本に伝来し、「葡萄《ぶどう》」の語源になった。王翰《おうかん》（六八七〜七二六年）の涼州詞《りょうしゅうし》に「葡萄の美酒、夜光の杯」と詠まれているように、中国・日本では、葡萄は房のついた果実そのもののイメージよりも、ワインの原材料として捉えられていたようである。それだけ、イラン高原から齎された葡萄酒のインパクトが強かったということであろう。また、パフラヴィー語文献によると、ペルシア・ワインの銘柄としては、「スパハーン産、川向こうのメルヴ産、ブスト（スィースターン州）産、ホルヴァーン産が良い」とされ、産地別に風味の違いがあったことがうかがえる[37]。

女性

サーサーン王朝時代のイラン高原のアーリア人が洗練された趣味を発揮すべき領域は、音楽や絵画、料理に留まらない。ゾロアスター教神官団は、後のイスラーム教徒のように男女隔離を強要することがなかったので、この時代の男女は比較的自由に交流できたようである。このため、女性に関する鑑識眼が、個人の文化程度を測る重要な尺度になった。特に、女性にチャードル着用の習慣がなかったおかげで、容姿やスタイルに細心の注意が払われた。

アーリア人男性から見て魅力的なアーリア人女性とは、まず、思考において男性に同情的である必要がある。続いて、背丈は中くらい、胸は広く、乳房はマルメロの実のごとくで、頭と尻と首は優美、腰は細く、足の裏にはちゃんと土踏まずがあることが要求される（普通は問題にしないし確認もできない「土踏まず」にこだわるのは、牧畜時代に家畜の品定めに熱心だった古代アーリア人の感覚の名残かも知れない）。また、爪は雪のように白く、顔の色艶はザクロのごとく、目は杏子《あんず》のようでなくてはならない。そして、最後に重要なのは、男性の服装に関して、口うるさく批評しない女性が好ましいとされる[38]。ということは、女性の側でも、男性の服装（スタイルではなく）に細かい注文がつくのが一般的だったのであろう。

騎乗用の動物

古代アーリア人は、紀元前一五〇〇年ごろから牧畜民としてイラン高原に移動し、少なくともサーサーン王朝時代までは、騎兵隊の威力によって勇名を轟《とどろ》かせていた。また、大部分が砂漠に覆われているイラン高原では、騎乗用の動物がない限り、オアシス都市間の移動は困難だったであろう。従って、彼らの社会で騎乗用の動物に関する鑑識眼が尊重されるのは当然で、これも基礎的な教養の一部だった。

エーラーン・シャフルの領域内では、特に北西部のアゼルバイジャン州が駿馬《しゅんめ》の産地とされた。そのせいか、この地方からは優秀な軍人が多数輩出しており、ここに祀られた帝国第二の聖火も、アードゥル・グシュナスプ＝「雄馬のタテガミの聖火」と命名されている。また、この地方出身の軍人の名前も、この聖火名アードゥル・グシュナスプを冠したものが多い。パフラヴィー語文献によれば、騎乗用の動物としては、この駿馬の他に、騾馬、駱駝、駅逓馬《えきていば》が望ましいとされている。しかし、非常に失礼な話だが、パフラヴィー語文献には、どんな駿馬にも増して素晴らしい騎乗用の動物は、後宮の美姫だと解説されている[39]。

娯楽

サーサーン王朝時代のアーリア人の代表的娯楽は、インド亜大陸から伝来したチャトラング（ペルシア風将棋）や、ネーウ・アルダフシール（ペルシア風スゴロク）だった[40]。その遊び方を紹介したパフラヴィー語文献として、『ペルシア風将棋の解説とペルシア風スゴロクの案出』が残っている[41]。それによると、チャトラングは、インド亜大陸のチャトル・アンガ（インド風将棋）を改良して考案されたもので、プレイヤーは二つの陣営に分かれ、シャー（王）、戦車、象、参謀、馬、歩などの駒を駆使して、勝敗を競う。これらの駒は、ほぼ日本将棋の王将、飛車、角行、桂馬、香車、歩兵に当たるが、いったんとった駒を持ち駒として自陣で活用することはできない。このチャトラングがヨーロッパに伝わって、チェスの原型になった。ちなみに、チャトラングで王が詰むことを、パフラヴィー語で「シャー・マルト（王は死んだ）」と言うが、これがチェスの「チェックメイト」の語源とされる。

ネーウ・アルダフシールは、インド亜大陸から伝わった訳ではなく、サーサーン王朝国産の娯楽のようである。プレイヤーは何人でもよく、大地の女神スパンダルマドに見立てた盤上に駒を置き、星辰の運行になぞらえた運命のサイコロの一振りで、各人の駒を進行させる。途中のマス目で、各駒はさまざまな困難に遭遇するが、それをクリアして早くゴールにたどり着いたプレイヤーが勝ちである。

サーサーン王朝社会におけるゾロアスター教徒アーリア人の文化生活

以上を総合すると、サーサーン王朝社会におけるゾロアスター教徒アーリア人は、帝国内の階級制度を乱さず、ゾロアスター教神官団の宗教法を遵守《じゅんしゅ》して聖火を拝んでさえいれば、音楽を奏で、皇帝を描いた絵画を鑑賞し、肉料理やワインを楽しむことができた。また、女性と馬に関する批評は共通の関心事であり、余暇にはペルシア風将棋やスゴロクに興じた。このサーサーン王朝文化は、パフラヴィー語起源の単語がかなりヨーロッパに流入していることからも察せられるように、ローマ帝国を介して中世ヨーロッパの生活に深い影響を及ぼした。もしかすると、同じアーリア人同士、共鳴するところがあったのかも知れない。また、中世ヨーロッパに対する影響ほどではないが、中国や日本にも、シルクロードを伝ってサーサーン王朝文化の余薫が齎されている。

このようなサーサーン王朝文化が熟成した背景には、やはりゾロアスター教があったと思われる。キリスト教の禁欲やヒンドゥー教の苦行を厳しく排し、マーニー教の出家生活を悪魔の誘惑として斥けたゾロアスター教は、生産活動に従事して各人の義務を果たした後で、人生を存分に楽しむことを奨励した。それが、彼らの考える「善」なのである。これを、歌舞音曲や絵画、飲酒を禁じ、女性にはチャードルを強制したイスラームと比べると、二つの宗教が社会に与えた影響の違いには非常なものがある。決して、ゾロアスター教の階級制度に対するイスラームの平等主義の長所を認めない訳ではないのだが、サーサーン王朝文化の優雅さ、洗練された趣味、前向きの人生観、享楽的な嗜好は、イスラームに改宗してあっさり捨て去るには惜しかったように思う（ただし、享楽的な傾向は、イラン・スーフィズムの一部に受け継がれ、「酒を飲んで愛を語って神を識る」という独特の「放蕩児《リンド》のスーフィズム」を形成している）。

第五章
ペルシア帝国の滅亡とアーリア人の宗教叛乱、そしてイスラーム改宗

1. アラブ人イスラーム教徒のペルシア帝国征服

古代アーリア人の諸宗教の滅亡

以上のような、古代アーリア人の宗教の中から出現した諸宗教を、国家宗教「ゾロアスター教カトリック教会」の外殻で覆い、豊饒なサーサーン王朝文化を花開かせたペルシア帝国であったが、その帝国も滅亡する時が来た。そして、この帝国が、ゾロアスター教的に言えば「暗黒の勢力によって征服され」た時に、ペルシア的ゾロアスター教は国家権力の支持を失って崩壊の瀬戸際に立たされた。以下では、この間の経緯を、詳しく概観したい[42]。

アラブ人イスラーム教徒のペルシア帝国攻略は、アラビア砂漠からメソポタミア平原への略奪行が、偶発的に拡大したものだったようである。これを促した要因はいくつか考えられるが、当時のサーサーン王朝の弱体化もその一つに数えられる。六〇二年に、時の「アーリア民族の神聖ペルシア帝国皇帝」ホスロー二世（在位五九一～六二八年）は、メソポタミア平原のサーサーン王朝領とアラビア半島のアラブ部族との緩衝地帯として機能していたヒーラの属国ラフム王朝を廃し、ここを直接統治に切り替えていた。本人は、強大化した帝権を背景に、衛星国家を吸収合併したつもりだったかも知れないが、結果から見れば、アラブ系地方王朝を容認してアラブ遊牧民対策を任せていた従来の政策の方が、効果的だったようである。

また、ホスロー二世は、同じ六〇二年からビザンティン帝国との全面戦争に突入し、祖父ホスロー一世の代に蓄積された国富を徹底的に蕩尽していった。この戦争は、前半はペルシア帝国がビザンティン帝国の穀倉地帯であるエジプトとシリアを席巻し、後半はビザンティン帝国がペルシア帝国の穀

ホスロー2世の大レリーフ。下段が、愛馬シャブ・ディーズにまたがって重装騎兵の装束をしたホスロー2世とされる。サーサーン王朝は、彼の時代にエジプト・シリアを含む最大領土を獲得し、ホスロー2世は「パルヴェーズ」（勝利者）と称えられた。しかし、無謀な戦争のツケが回ってきて、彼の没後20年で帝国はアラブ人イスラーム教徒に滅ぼされた。イラン・ケルマーンシャー州ターゲ・ボスターンにて。

倉地帯であるメソポタミア平原を蹂躙《じゅうりん》するという破滅的な大戦で、当時の超大国同士を極度に消耗させた。しかも、結果的には両者のパワー・バランスは戦前とほとんど変わらず、相対的に周辺諸民族の力を高め、自立の動きを加速させたに過ぎなかった。

それに加えて、ペルシア帝国では、この大戦末期の六二八年にホスロー二世が皇太子によって暗殺され、その新帝も半年で病死するなど、強力な皇帝の不在が続いた。これにつけ込んで、傍流の皇族やビザンティン帝国との大戦から帰還した将軍たちがつぎつぎに帝位継承権を主張し、ペルシア帝国は収拾のつかない内戦に陥っていた。結局、六三二年にヤザドギルド三世（在位六三二～六五一年）が即位するまでの四年間、乱立する自称ペルシア皇帝の下で帝国政府の機能は麻痺し、この混乱が周辺異民族自立の契機になった。

アラブ部族のメソポタミア平原侵攻

このようなペルシア帝国とビザンティン帝国の弱体化に際会し、アラブ部族の側でもムハンマドが出現してイスラームの教えによってアラブ部族の統一を果たしていた。そのムハンマドが六三二年に没すると、一時的にリッダ（イスラームからの離反）が起こるが、初代カリフのアブー・バクル（在位六三二～六三四年）がこれを鎮圧してからは、アラブ人イスラーム教徒の内的緊張と活力を外部に向ける必要が生じていた。

彼らがペルシア帝国に挑戦したのは、六三三年にリッダ鎮圧の英雄ハーリド・イブン・アル・ワリード（六四二年没）率いるアラブ部族軍が、ヒーラを急襲した事件が最初と考えられている。ホスロー二世がラフム王朝を存続させていたら、事態は別の展開を見せていただろうが、現実にはヒーラは簡単に陥落した。この後、ペルシア帝国軍は、六三四年一〇月にアブー・ウバイド率いるアラブ部族軍を撃退して、一時的にヒーラを奪還するものの、アラブ部族の行動を辺境遊牧民の略奪行動と見て追撃せず、結果的には彼らに再起のチャンスを与えた。

六三五年には、ブワイブの戦いで再びアラブ部族軍が勝利し、ヒーラはまたもや彼らの手に落ちた。このころに、ペルシア帝国軍のハムラー歩兵部隊がまるごとアラブ部族軍に寝返り、そのままイスラームに改宗している。ことここに至ってようやくアラビア砂漠の状況の深刻さを理解したペルシア帝国は、六三七年六月に、インド亜大陸から召還した象部隊を含むロータスタフム将軍の主力軍を投入してヒーラの奪還を図ったものの及ばず、カーディスィーヤの戦いでサァド・イブン・アビー・ワッカース（六七〇年没）率いる新手《あらて》のアラブ部族軍に惨敗して、古都バビロンに退却した残存部隊も四散した。この時、ペルシア皇帝の親衛隊は、降伏したのみならずアラブ部族軍に編入され、ヤザドギルド三世にとっては情けないことに、そのままクテスィフォン攻撃に参加したと伝わる。ティグリス川西岸に領地を有するアーリア人地主たちは、この状況を見て、こぞってサァドに恭順《きょうじゅん》を誓った。

六三七年八月には、アラブ部族軍はサーサーン王朝の帝都クテスィフォンまで達し、ペルシア帝国軍との間で激しい市街戦が展開された。しかし、まず市の西側ウェフ・アルダフシール地区が陥落し、この時点でヤザドギルド三世はイラン高原上の都市ホルヴァーンに蒙塵《もうじん》した。次いで、市の東側の諸地区もつぎつぎに陥落し、やがて、同地区に造営されていた王宮や宝物庫を含むクテスィフォン全域がアラブ部族軍の手に落ちた。もともと、メソポタミア平原では、アーリア人はイラン高原から外来の征服者であって、人口的にはセム系アラム人やアラブ人が多数を占めていた。このため、ペルシア帝国軍がメソポタミア平原で徴兵して態勢を立て直すのはむずかしく、彼らは本国であるイラン高原に撤退していった。クテスィフォンに取り残されたアーリア人は、アラブ部族軍に人頭税と地租税を支払って、自らの信仰を維持したとされている。

この後、アラブ部族たちは、約四年間を費やして、メソポタミア平原——今や、アラビア語でイラーク平原と呼ばれるようになった——の統治体制を固めたらしい。もともと、土着のアラム人にとっては、支配者がアーリア人からアラブ人に替わっただけなので、この制圧戦に際しては激しい抵抗は記録されていない。それどころか、サーサーン王朝時代の租税よりもアラブ部族軍の占領時代の租税の方が低額だったらしく、住民たちは事態を歓迎したようである。この後、新編なったアラブ人イスラーム教徒軍は、六三八年にはイラーク平原南部に軍営都市バスラを建設し、同じく六三八年にはイラーク平原中部に軍営都市クーファを設営して、イラーク平原の占領体制を固めた。

ちなみに、バスラとクーファの建設で重要性を失った旧帝都クテスィフォンであったが、第四代カリフ、アリー・イブン・アビー・ターリブ（在位六五六〜六六一年）の時代に、サルマーン・ファーリスィー（六五六年没）が知事として着任している。彼は、本名をローズベフというスパハーン出身のアーリア人貴族で、宗教的真理を求めて各地を放浪した後、ムハンマドと出会ってイスラームに改宗した人物である。経歴からすると、アーリア人にイスラームへの改宗を勧めるのに最適と思われ、現にそうしたらしいのだが、当時のクテスィフォンではほとんど誰も改宗に応じなかったという。

アラブ人イスラーム教徒軍のイラン高原侵攻

このような準備期間を経て、アラブ人のイラン高原侵攻は、以前のような偶発的な略奪行の積み重ねではなく、それなりのマスター・プランをもって開始された。イスラーム的に言えば、彼らの軍事行動は異教徒に対するジハードとして正当化され、部族連合に過ぎなかった軍事組織も俸給制の軍隊に改められた。この新生アラブ人イスラーム教徒軍は、①バスラ軍、②クーファ軍の二つに分けて組織された。

六四二年には、第二代カリフ、ウマル一世（在位六三四〜六四四年）の命令下、アン・ヌゥマーン（六四二年没）率いるクーファ軍が、イラーク平原からイラン高原への幹線道を通って、大規模な侵攻を開始した。イラン高原本国を防衛するサーサーン王朝も、マルダーン・シャー将軍の許に残存ペルシア軍を結集して抵抗したが及ばず、六四二年夏のネハーヴァンド会戦で大敗して、エーラーン・シャフルの命数は尽きた。統一的なペルシア帝国軍が二度と組織されなかった以上、この後、大きな会戦はなく、アラブ人イスラーム教徒軍は、イラン高原上に点在するオアシス都市の掃討戦に移行した。

北方を管轄するクーファ軍は、そのままイラン高原北部へ侵攻して、ライイ（現在のテヘラン南郊）を制圧し、さらに北方のアゼルバイジャン、タバリスターン方面へ向かった。南方と東方を管轄するバスラ軍は、イラン高原中部の重要都市エーラーン・ウィナルド・カヴァードとスパハーンを攻略後、ペルシア州に転じてスタフルとアルダフシール・ファッラフを陥れた。その後は、イラン高原南部のケルマーン州、スィースターン州を攻略し、最終的にはホラーサーン州を通って、六五六年に中央アジアの主要都市メルヴまで達した。最後の「アーリア民族の神聖ペルシア帝国皇帝」ヤザドギルド三世は、すでに六五一年に、メルヴ近郊で暗殺されていた。

この一連の軍事行動によって、サーサーン王朝ペルシア帝国の政治勢力は一掃され、以後のオリエントでは、新たに駐留するアラブ人イスラーム教徒軍を中核とする政治的・宗教的秩序が再編成されることになった。だが、それがどんなものになるか、この段階では誰にも分からなかった。

2. アラブ人イスラーム教徒のイラン高原占領体制とアーリア人の宗教叛乱

アラブ人イスラーム教徒支配下のアーリア人

占領体制初期のアラブ人イスラーム教徒支配下のアーリア人の運命は、二つのパターンに分けて整理できる。第一に、大規模会戦で捕虜になったペルシア帝国騎士（アサーウィラ）たちは、彼を捕らえたアラブ人個人や部族の被保護民（マワーリー）となって、彼らの庇護下に生き長らえた。この場合、被保護民がそのままアラブ人イスラーム教徒軍に従軍したケースもあったらしく、征服軍の構成を大きく変えていった。最初期にはアラブ部族の連合軍であったものが、イラーク平原制圧後には組織化されたアラブ人イスラーム教徒軍に変質し、ネハーヴァンド会戦以降はアラブ人イスラーム教徒軍＋被保護民化したペルシア帝国騎士の連合軍となったのである。この段階では、降伏したペルシア帝国騎士たちは、征服戦に協力することは求められたものの、イスラームに改宗してアラブ人と同化することは期待されていなかったようである。

第二に、イラン高原上のオアシス都市の掃討戦に移行して以降は、各都市はアラブ人イスラーム教徒軍が提示した条件に従って、

①イスラームに改宗する
②財産を貢納して生命を保障される
③徹底抗戦して玉砕する

の三択を迫られた。ネハーヴァンド会戦後は、ペルシア帝国の命運が尽きたことは誰の目にも明らかだったので、スタフルやアルダフシール・ファッラフのようにサーサーン王朝皇帝に忠誠を尽くす都市でない限り、③の玉砕を選ぶケースはほとんどなかった。さりとて、①を選んでイスラームに改宗するアーリア人も少なく、結果的には多くの都市が②の妥協を受け入れて、占領軍との戦闘を回避した。この条約締結によって、アーリア人の各都市は、個別にアラブ人イスラーム教徒軍の駐留と貢納義務を受け入れることになった。

アラブ人イスラーム教徒軍が立案したイラン高原の支配体制は、クーファ軍が占領した北部はクーファ市政府の管轄とし、バスラ軍が占領した南部及び東部はバスラ市政府の管轄とするという簡素なものだった。クーファとバスラを西端として、征服軍の駐在都市がイラン高原に数珠繋ぎに点在し、各駐在都市のアラブ人アミールが現地のアーリア人地主を介して地租と人頭税を徴収した。その代わり、占領軍に協力する農村部のアーリア人は、従来の生活と信仰を保障されたらしい。

ゾロアスター教神官団の妥協

このアラブ人イスラーム教徒占領軍の放任政策のお陰で、アーリア人のイスラーム改宗が完了するまでの三〇〇年間は、イラン高原は宗教的にはパンドラの箱を開けたような状況になった。イラン高原のアーリア人たちは「従来の宗教」を保障されたものの、それが何であるかについては、ゾロアスター教神官団が統制力を失った以上、統一的な見解がまったくなかったのである。

そして、はなはだ意外な展開だが、ペルシア州でいまだに生き残っていたゾロアスター教神官団は、イスラーム教徒のカリフ政権に対してきわめて妥協的な態度に終始した。実際、彼らは、彼ら以外の古代アーリア人の諸宗教の信者の追討を、カリフ政権に依頼さえしているのである。おそらく、アッバース王朝(七五〇〜一二五八年)を第二の「アーリア民族の神聖ペルシア帝国」と思い込みたかったのであろう。

だが、アラブの「預言者の一族」アッバース家は、ペルシア州の拝火神官だったサーサーン家とは異なり、ゾロアスター教神官団に何の同情心も持ち合わせていなかった。確かに、ゾロアスター教神官団がサーサーン王朝の支配体制に提供した非宗教的な要素——例えば、支配体制の永続性を科学的に導き出す(とされた)ペルシアの占星術など——は気前よく受容したのであるが、それ以外のゾロアスター教の教義は歯牙《しが》にもかけなかったらしい。結果として、ゾロアスター教神官団は、アッバース王朝によってその存在こそ容認してもらえたものの、九〜一〇世紀には、日に日にイスラームへの改宗者が増加するアーリア人社会に有効な対策を打ち出せず、イラン高原全土がイスラーム化するのを拱手傍観《きょうしゅぼうかん》して、最後にはインド亜大陸に亡命することになった。

このゾロアスター教神官団の方針をどう評価するかはむずかしい。曲がりなりにも三〇〇年もの間、ペルシア州を中心とするイラン高原南部でゾロアスター教徒集団を存続させ、その期間に重要な伝承をつぎつぎに文献として残した文化活動――いわゆる「パフラヴィー語文学ルネッサンス」――を評価するなら、一概にカリフ政権に阿諛追従《あゆついしょう》したとばかりは言えない。彼らがアラブ人イスラーム教徒占領軍に対して敵対的な態度をとったとすれば、ペルシア帝国と枕を並べて早期に滅亡し、ゾロアスター教の文化遺産はほとんど後世に伝わらなかった可能性が高い。その意味では、ゾロアスター教文化活動の貴重な三〇〇年間を確保した功績は大きい。だが、サーサーン王朝が滅ぶと早々とカリフ政権に接近していった態度は、善と悪の対決を説く教団としては、若干、節操がないようにも感じられる。

アーリア人の宗教叛乱

しかし、イラン高原上には、このように従順なアーリア人ばかりではなかった。カリフ政権がウマイヤ王朝からアッバース王朝に替わる八世紀半ばを一つのターニング・ポイントとして、アーリア人の叛乱が頻発するのである。しかも、それらは、ゾロアスター教神官団が影響力を保持しているイラン高原南部地域ではなく、イラン高原北東部のホラーサーン州で集中的に起こっている（図表19参照）。特にホラーサーン州でアーリア人の叛乱が激しい原因は、この地域のアラブ人イスラーム教徒占領軍が七四七～七五〇年のアッバース革命のためにイラーク平原に遠征してしまい、土着アーリア

叛乱の名称	期間	地域	伝えられる目的
ベフ・アーフリードの乱	747-49年	ホラーサーン州、ネーウ・シャーブフル市	異端的ゾロアスター教の宣布
スィンバードの乱	755年	ホラーサーン州、ネーウ・シャーブフル市	アブー・ムスリム将軍暗殺への抗議、アッバース王朝への不満
テュルク人イスハークの乱	755-57年	中央アジア	アブー・ムスリム将軍暗殺への抗議、アッバース王朝への不満
ウスターズ・スィースの乱	767-68年	ホラーサーン州、ヘラート市	ベフ・アーフリードの教えの復活。アブー・ムスリム将軍暗殺への抗議
ユースフ・バルムの乱	776-78年	スィースターン州、フシャンジュ市→中央アジアへ	不明
ムカンナーの乱	776-83年	ホラーサーン州、メルヴ市→中央アジアへ	アブー・ムスリム将軍の生まれ変わりの預言者と自称
ホッラム教の乱／バーバクの乱	816-38年	アゼルバイジャン州、バッズ市	マズダク教の復興

図表19：アラブ軍占領下のアーリア人の宗教叛乱[43]

人の活動を掣肘《せいちゅう》する軍事力が一時的に空白状態にあったせいかも知れない。

ホラーサーン州動乱

上記のアーリア人の宗教叛乱の実例を一つだけ挙げよう。八世紀前半のホラーサーン州は、何重もの不安定さの渦中にあった。シリアに本拠を置くウマイヤ王朝カリフ政権に対するホラーサーン駐留アラブ軍の反発、その駐留軍内部でのアラブ人部族同士の内訌《ないこう》、そのアラブ人イスラーム教徒占領軍に対する土着アーリア人の不満等々。すでに建国以来九〇年近くを経過し、度重なるシーア派の叛乱に悩まされていたウマイヤ王朝カリフ政権には、ダマスカスからはるか彼方のイラン高原北東地域で起こっている事態を収拾する余力は、残っていないように見えた。

そんな中、七四七年六月に、イラーク平原から派遣されたアーリア人改宗イスラーム教徒であるアブー・ムスリム将軍が、シーア派の名の下に、ホラーサーン州におけるアラブ占領軍の駐留都市メルヴで、反ウマイヤ王朝の旗を掲げたのである。この挙兵によって、ただでさえ不安定だったホラーサーン情勢は一気に流動化した。預言者の一族を支持する親シーア派のアラブ部族とウマイヤ家に忠誠を誓うアラブ部族、それぞれに従うアーリア人改宗イスラーム教徒が内戦を繰り広げた結果、翌七四八年春までには、ホラーサーン州は前者が支配する独立地域になった。アブー・ムスリム将軍は、余勢を駆って、預言者の一族（それがアリー家ではなくアッバース家を意味するとは、この時点では誰も知らなかった）を支持するアラブ人イスラーム教徒とそれに従うアーリア人改宗イスラーム教徒からなる軍団をイラーク平原に派遣し、七四九年までに同地を制圧。七五〇年にはウマイヤ王朝の中枢部シリアを攻略して、同王朝を滅亡に追い込んだ。この一連の経過が、アッバース家によるウマイヤ家からの政権奪取——アッバース革命——である。

ゾロアスター教神官ベフ・アーフリードの行動

ベフ・アーフリードは、この複雑なホラーサーン情勢の中で、ある意味ではアッバース革命の三年間を利用して、自らの宗教運動を展開したゾロアスター教神官である。彼の生年ははっきりしないが、父の名前はフラヴァルディーンで、生誕地はホラーサーン州ネーウ・シャーブフル近郊のズーザン村と伝わっている。メルヴがアラブ占領軍が定めたホラーサーン州首府だったのに対し、ネーウ・シャーブフルはサーサーン王朝時代にホラーサーン州首府として建てられた歴史ある街。周辺にはア

アッバース革命当時、ベフ・アーフリードが叛乱を起こしたネーウ・シャーブフルの街の廃墟。サーサーン王朝の東方経営の拠点だった大都市だが、今では日干し煉瓦が朽ちるに任されている。近くにあるニーシャープールの街は、名称を継承したものの、街区としては別物である。イラン・ホラーサーン州ニーシャープール近郊にて。

ードゥル・ブルゼーンミフル聖火の座もあり、半ば中央アジアにはみ出たメルヴに比較すれば、かなりペルシア帝国の文化色の強い都市だった。

青少年期のベフ・アーフリードは、ペルシア的なゾロアスター教を奉じる神官ならば、当然ペルシア州のゾロアスター教神官団のもとへ修行に出るところを、なぜか「七年間中国へ行っていた」とされる。ここで言う「中国」が具体的にどこなのかは不明だが、当時の唐王朝は玄《げん》宗《そう》皇帝による開元《かいげん》の治《ち》の絶頂期なので、この時期の中国へ赴き、ソグド人のキャラバン商人とともに交易に従事していた可能性がある。この場合、ベフ・アーフリードの宗教的バックグラウンドは、イラン高原南部の「ペルシア的ゾロアスター教」とは異なる中央アジアの「ソグド的ゾロアスター教」の雰囲気の中でつちかわれたことになる。

中央アジア〜中国への遠隔地交易からネーウ・シャーブフルに戻ったベフ・アーフリードは、七四五年ごろからペルシア語で書物を執筆し、独特の「ゾロアスター教」を提唱し始めたようである。彼の中で何があったのか分からないが、記録にある限りでは、宗教的な改心のきっかけになりそうなのは、七年間の中国滞在だけである。きっと、中央アジアのオアシス都市あたりで、「ソグド的ゾロアスター教」の何かに触れたのであろう。そして彼の教えは、ホラーサーン州の土着アーリア人の間で幅広く受け入れられたようである。ホラーサーン州のアーリア人の間では、サーサーン王朝時代から「ペルシア的ゾロアスター教」がそれほど根づいておらず、むしろ中央アジアの「ソグド的ゾロアスター教」との親和性が高かったのではないかと思わせる事態である。

そして、七四七年、アブー・ムスリム将軍の挙兵と軌を一にして、ベフ・アーフリードは、ネーウ・シャーブフル郊外で武装蜂起したらしい。「らしい」というのは、彼の運動に危機感を抱いた正統派ゾロアスター教神官たちが、メルヴに駆け込んでそう直訴したからである。この正統派ゾロアスター教神官たちの行動と、それを嘉納したアブー・ムスリム将軍の判断によって、ベフ・アーフリードは、「ゾロアスター教とイスラームの共通の敵」とされた。

アッバース革命の指導者だったアブー・ムスリム将軍は、翌七四八年にホラーサーン州で権威を確立すると、麾下《きか》の将軍に一隊を与え、ホラーサーン州平定の一環として、ベフ・アーフリード追討を命じた。ベフ・アーフリードは、特に騒擾《そうじょう》を引き起こした形跡はないのだが、生まれ故郷の近郊の山中で捕らえられて、ネーウ・シャーブフルに護送された。そこで、イスラームへの背教の名目で絞首刑にされ、遺体は同市の門に吊されたという。なお、彼の教えを信じる残党は、後のウスターズ・スィースの乱などにも合流し、その後、数世紀にわたってホラーサーン州で存続したとされる。

ゾロアスター教神官ベフ・アーフリードの教え

このベフ・アーフリードの教えの内容は、彼のペルシア語著書が散逸してしまった以上、後世のイスラーム教徒学者が残したアラビア語文献を元に判断するしかない。だが、それらには、イスラーム的な宗教観念のバイアスがかかっている可能性がある。例えば、諸書は一致して「彼は預言者を自称していた」と伝えているのだが、古代アーリア人の間では、セム民族的な「神から遣わされる預言者」の観念がなかった以上、これは疑わしい。もちろん、ベフ・アーフリードが自分を権威づけるような発言をしていたことは十中八九まで事実で、アラブ人の目からすれば、それが「預言者を自称している」と捉えられたのだろう。資料がこのような状況なので、ここでは、観念的な神学レベルよりも、生活習慣レベルから、彼の宗教思想を検討したい。

彼は、ザラスシュトラを篤く信仰していたというので、本人の意識の上では紛れもなくゾロアスター教徒であった。しかし、彼はこれに続けて、最近親婚の禁止、呪文の禁止、太陽崇拝の推奨、犠牲獣祭の禁止、飲酒の禁止などを打ち出している。この中で、最近親婚や犠牲獣祭は、イラン高原北西部のマゴス神官団によって「ペルシア的ゾロアスター教」の中に導入されたと考えられている習慣なので、それらの削除は、ある意味では、イラン高原東部から中央アジアで成立したザラスシュトラの原始教団の教えに回帰することに繋がった。また、太陽崇拝の推奨は、上述のマガ・ブラーフマナの宗教にも見られるように、イラン高原東部〜中央アジアにおける古代アーリア人の素朴な宗教の名残と思われる。イスラーム時代になってなお、サーサーン王朝時代のペルシア的ゾロアスター教を越えて、ホラーサーン州の地方的なゾロアスター教が根強く残っていたようである。

3. アーリア人ゾロアスター教徒のイスラーム改宗

アーリア人ゾロアスター教徒のイスラーム改宗の諸パターン

七世紀中葉、アーリア人は軍事的に敗北し、イラン高原はアラブ人イスラーム教徒の永続的な占領下に置かれた。しかし、アラブ人イスラーム教徒のカリフ政府が土着アーリア人をイスラームに改宗させるよう強制命令を発した訳ではなかった。ただ、八～九世紀にはアーリア人の宗教叛乱も軍事的に鎮圧され、イスラーム教徒に改宗することが社会的な利益に結び付くことが判明するにつれて、一〇世紀までにはゾロアスター教神官団は影響力を失い、イラン高原の宗教の大勢は雪崩を打ってイスラーム改宗の方向に動きだした。その改宗状況は、おおむね下記のパターンに類型化できる。

自発的改宗① 経済的利益

旧ペルシア帝国領での大規模な改宗は、八世紀に、イラーク平原で起こったとされる。イラーク平原の政治の中心がクテスィフォンからバスラとクーファに移行するにつれて、経済活動の中心もこの二つのアラブ都市に移った。社会が安定すると、占領軍はそのまま支配階級に移行し、非アラブ人の地主、商人、手工業者、農民たちも、日常的に接触するアラブ人支配階層と同化する道を選んだ。

ただ、七一〇年代までは、アーリア人が改宗しても、ただちにアラブ人イスラーム教徒と同等の権利や待遇が与えられた訳ではなく、アーリア人改宗イスラーム教徒は、アラブ人イスラーム教徒とアーリア人ゾロアスター教徒の間で宙に浮いた存在だったと考えられている。しかし、ウマイヤ王朝第八代カリフ、ウマル二世（在位七一七〜七二〇年）が出自の是非を問わずにイスラーム教徒の平等政策を推進してからは、イラーク平原やフーゼスターン州でのアーリア人ゾロアスター教徒の改宗は、一気に進んだ。

自発的改宗② 婚姻

主に男性から成るアラブ占領軍とアーリア人住民が共存する駐留都市の中では、アラブ人男性とアーリア人女性の婚姻、それにともなうアーリア人女性の改宗、その結果として母系でゾロアスター教徒の血を引くイスラーム教徒の誕生も多かったと推測される。この動機での改宗に関しては充分な資料が残されていないのだが、イランのイスラーム教徒の間で伝わる民間伝承の中には、典型的なアラブ人男性とアーリア人女性の婚姻説話がいくつか見出せる。

一つは有名な伝承で、預言者の従弟アリー・イブン・アビー・ターリブの次男フサイン・イブン・アリー（六八〇年没）と、サーサーン王朝最後の皇帝ヤザドギルド三世の娘シャフル・バーヌーとの結婚伝説。彼らの間に生まれた息子が、後のシーア派の第四代イマーム、アリー・ザイヌル・アービディーン（七一二年没）とされる。もう一つはやや知名度に劣るが、ウマイヤ王朝第六代カリフ、ワリード一世（在位七〇五〜七一五年）と、ヤザドギルド三世の次男ペーローズの娘シャー・イー・ア

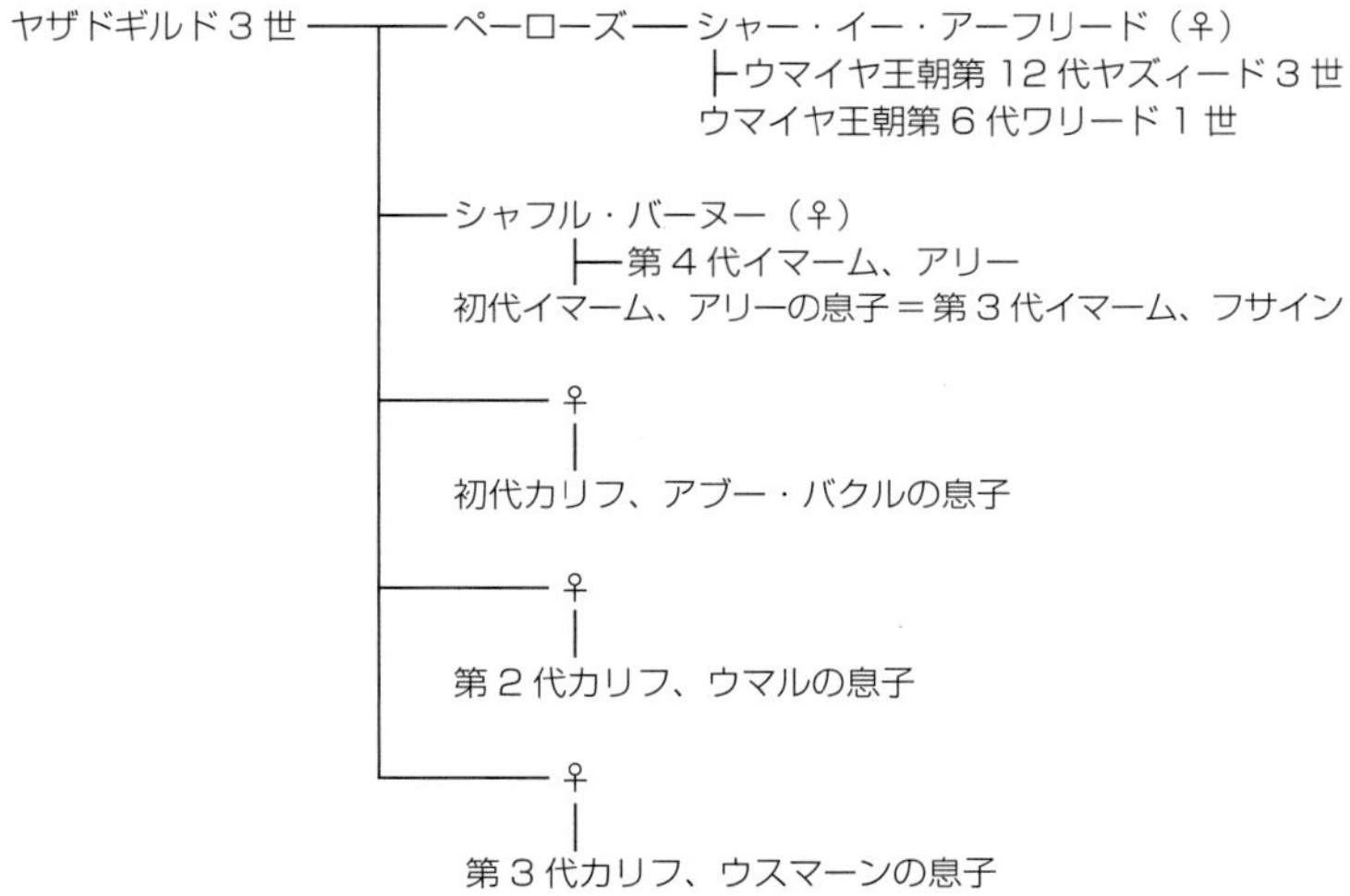

図表20：アラブ人イスラーム教徒指導者とペルシア皇帝家の婚姻説話（イスラーム系）

ーフリードの結婚伝説。彼らの間に生まれた息子が、後のウマイヤ王朝第一二代カリフ、ヤズィード三世（在位七四四年）とされる。この他、ヤザドギルド三世の娘が、アブー・バクルの息子と結婚する伝説、ウマルの息子と結婚する伝説、ウスマーンの息子と結婚する伝説など、同工異曲の伝承は無数に存在する。

もちろん、これらは歴史的な根拠を欠く稗《はい》史《し》であり、ペルシア皇帝の娘たちが揃って高名なイスラーム教徒の息子と結婚したとは考えがたい。しかし、有力なアラブ人男性が高貴な血統のアーリア人女性と結婚し、彼らの間の息子がイスラーム世界の霊的・世俗的指導者となるパターンは共通するので、彼らに仮託して一般の改宗者の行動を象徴的に表現した可能性はある。イラン高原は、このように婚姻を通しても、徐々にイスラーム化して

セティ・ピールのゾロアスター教聖地。ここで、サーサーン王朝の最後の皇帝ヤザドギルド3世の皇妃シャー・バーヌーが、忽然と消え失せたとされる。同工異曲の伝説は、イラン高原上に数多い。イラン・ヤズド州ヤズド市内から2キロ。

いった。

ちなみに、上記の婚姻説話はイスラーム教徒の間に伝わるものだが、これと対照的なゾロアスター教系の説話も残っている。例えば、ヤザドギルド三世の皇妃シャー・バーヌー・ハフトバーダーンは、アラブ人イスラーム教徒軍に追われて山に逃げ込んだ。しかし、追っ手が到着した時、そこには彼女の衣服しかなく、本人は忽然《こつぜん》と消え失せていた。これが、セティ・ピールの聖地である。また、ヤザドギルド三世の長女ハヤート・バーヌーは、アラブ人イスラーム教徒軍に追われて山に逃げ込んだ。しかし、絶体絶命の窮地に陥った時に山に裂け目が生じ、彼女はそこに逃げ込んだ。これが、チャク・チャクの聖地である。他にも、ヤザドギルド三世の末娘ハータン・バーヌーが逃げた聖地パールス・バーヌー、ヤザドギルド三世の娘（名は不明）が逃げた聖地ヘリーシュト、ヤザドギルド三世の息子アルダフシールが逃げた聖地ナーレスターン、ペルシア州知事の義理の娘が逃げた聖地ナーラキー、庶民の乙女メヘル・バーヌーが殺害された聖地メヘル・バーヌーなど、ヤズド市周辺では、同様の主旨の伝説がかなり知られている。

これらは、大部分、ゾロアスター教徒女性がアラブ人イスラーム教徒の追求を逃れて山に籠もり、逃げ切れないと悟った瞬間にアフラ・マズダーのご加護で山中に消えるか（皇帝の家族）、貞節を全うして殺害される（庶民の乙女）パターンである。こちらの説話にも歴史的な裏づけはないが、アラブ人イスラーム教徒男性と結婚して改宗したアーリア人女性がいた反面、彼らを拒否して逃亡したり殺害されたりしたアーリア人女性も多数存在したであろうことは、容易に想像できる。

強制的改宗~布教活動

アラブ人が多数を占め、イスラームへの改宗がただちに経済的利益に結びついたイラーク平原や、アラブ人イスラーム教徒占領軍が多く、婚姻による改宗が盛んだったと推測されるイラン高原北部と比べて、イラン高原中南部では改宗は低調だったとされる。特に、ゾロアスター教神官団の牙城である南部地域では、かなり時代が下るまで改宗は容易に進まなかった。

これに対し、これらの地域のイスラーム教徒は、硬軟両様の姿勢で布教に臨んだ。中央政府が改宗活動にそれほど積極的ではないにもかかわらず、各地方の有力者や知識人が独断で、（しかも、土着アーリア人にとって恐ろしいことには善意で、）布教に邁進《まいしん》していったようである。きわめて暴力的な例としては、七世紀のエーラーン・ウィナルド・カヴァードが挙げられる。バスラ軍の指揮官だったアブー・ムーサー・アシュアリー（有名なアシュアリー派神学の大成者の先祖）は、六四四年に現地を征服し、たまたまアリー・イブン・アビー・ターリブの支持者だったので、この時期としては熱心にシーア派イスラームの布教に乗り出したとされる。しかし、アナーヒター女神の信仰篤いエーラーン・ウィナルド・カヴァードの住民は容易に納得せず、彼は、ついに同市のアーリア人指導者層を虐殺して、残りの住民には改宗か他都市への移住を強いた。これ以降、アラブであるアシュアリー部族の移住を受け入れて人口構成を一変させた同市は、アラビア語でクム（コム）と改称し、イラン高原におけるシーア派の一大拠点になっている。

平和的な改宗活動としては、後世の研究者がスーフィー教団として捉えている集団（タリーカ）による布教があった。例えば、一〇世紀になってもゾロアスター教徒が多数派を占めていたペルシア州では、アーリア人改宗イスラーム教徒の息子アブー・イスハーク・カーゼルーニー（一〇三四年没）が、カーゼルーニー教団を設立し、祖父の信仰であったペルシア的ゾロアスター教に対する改宗運動を繰り広げていった。これに対しては、ゾロアスター教神官たちが彼を逮捕し、あるいは暗殺を企むなどしたものの成功せず、ゾロアスター教神官団の最大地盤も徐々に切り崩されていった。それまでは、ペルシア州にはタッワジュや新シーラーズなどを除いてほとんどモスクは見られなかったのだが、一二世紀の歴史家イブン・バルヒーによると、このころからペルシア州の農村部でもモスクが建ち始めたという。

同様の例は、ホラーサーン州のネーウ・シャーブフルで布教運動を行ったカッラーミー派の指導者アブー・ヤァクーブ・イスハーク（九九三年没）にも見られる。しかし、こちらの方は、後にカッラーミー派自体が異端運動として弾圧の対象となり、資料がほとんど散逸してしまったので、彼らの布教運動の実態は、対象がゾロアスター教徒だったのかマーニー教徒や仏教徒だったのかも含めて、不明な部分が多い。

イラン高原のイスラーム化

こうして、紀元前一五〇〇年ごろに中央アジアから古代アーリア人が移動してきて以来、聖火と呪術の民族宗教が栄えていたイラン高原の宗教事情は、七〜一〇世紀を境に劇的に変化した。人口の大部分がイスラームの宗教と社会規範を受け入れ、生活習慣的な部分では今なおアーリア人文化を残しているにしても、公的な部分では完全にイスラーム化していったのである。サーサーン王朝時代には、「アーリア人（エール）」、「アーリア民族（エーラーン）」、「アーリア人性（エーリーフ）」という価値観が非常に強調され、その中核にゾロアスター教があったのだが、イスラームに改宗した以上、これらの言葉が誇りを持って語られることはなくなった。それどころか、これ以後、イラン高原のアーリア人を指す言葉としては、アラビア語で「非アラブ人（アジャム）」という非主体的な言葉が用いられるようになり、民族の誇りどころではなくなった。

もはやイラン高原上で聖火が燃やされることもなく、古代アーリア人たちがあれほど熱心に実行していた「防御的な白魔術」は、唯一なる神への祈りに取って代わられた。古代アーリア人にとっては天界に住まうリアリティーそのものだった神々は、アフラ・マズダーもミスラも十把一絡げに放逐され、代わりにアラビア語でアッラーと称される神だけが崇拝に値するとされた。神官階級・戦士階級・庶民階級の区別は、偉大なるアッラーの前には意味を持たなくなり、古代アーリア人伝統の階級社会は解体した。同時に、絢爛たるサーサーン王朝の文化も、イスラーム的規範の前に消え去った。

ペルシア州のエマーム・ザーデ（預言者の子孫をまつる聖なる祠）。10世紀以降は、ゾロアスター教神官団の最後の牙城だったペルシア州の農村部にも、次々にモスクが建ち始めた。更に、13世紀以降は、より小規模な祈願所であるエマーム・ザーデも続々と建立された。因みに、このエマーム・ザーデも、アーリア人の伝統に則してしっかり緑色に塗られている。イラン・ペルシア州シーラーズ近郊にて。

アーリア人の神官階級出身者は、彼らの知的活力をゾロアスター教教義の研究や祭式の執行に用いるよりは、イスラーム法学・神学・哲学の探究に振り替える方を選んだのである。イスラームにとっては、サーサーン王朝時代に独自の知的体系を完成させていたこれらアーリア人神官階級の改宗は、文化的な意味で非常なプラスになった。

そして、このイラン高原のイスラーム化の影響は、アーリア人だけに留まらなかった。一〇世紀以降、アーリア人に代わって中央アジアから活発な民族移動を始めたテュルク人がイラン高原に足を踏み入れると、そこには古代アーリア人のゾロアスター教世界はすでになく、アーリア人イスラーム教徒の知的活動が頂点に達した華麗なイスラーム世界が爛熟期を迎えていたのである。これを見たテュルク人たちは、伝統的なシャーマニズムから、個人としても集団としても陸続とイスラームに改宗していった（テュルク人にとっては、あくまでイラン高原にいたアーリア人の宗教への改宗である）。彼らが、アラブ部族たちが征服しきれなかったインド亜大陸、小アジア、バルカンへと進出していくことによって、イスラームは第二次拡大期を迎え、ユーラシア大陸を文化的にも軍事的にもリードする文明に発展していくことになる。

第六章
ゾロアスター教からイラン・イスラーム文化／パールスィーへ

1. イラン・イスラーム文化への影響

イラン・イスラーム文化の成立へ

七〜一〇世紀の間に、イラン高原上の民族構成は変化した。理念的には「エーラーン・シャフル（アーリア民族の帝国）」だった地が、最初の二〇〇年間はアラブ人イスラーム教徒に占領され、それ以降は中央アジアからやってきたテュルク系遊牧民に軍事支配されたのである。その上、このテュルク系遊牧民族によるイラン高原支配は、延々二〇世紀まで続いた。この最初の三〇〇年間に、アーリア人、アラブ人、テュルク人の各民族はつぎつぎに混血し、宗教状況も一変したので、サーサーン王朝時代に完成されたアーリア人文化は、かなりの程度まで消え去ったと考えられる。積極的に捉えれば、それは、新生イラン・イスラーム文化の誕生であった。

ただ、イラーク平原以西のアラム人やコプト人たちが完全にアラブ人に同化し、中央アジアのアーリア人たちが新興のテュルク人の中に溶解していったのに比べると、イラン高原のアーリア人は、曲がりなりにも自らの文化を維持した。その大きなバックボーンになったのが、イラン高原で今なお公用語として用いられている近世ペルシア語である。もちろん、イスラーム世界全体では、アラビア語がリンガ・フランカの地位を占め、近世ペルシア語はイラン高原上だけで通用するローカル言語に堕ちた。しかし、パフラヴィー語（中世ペルシア語）から発展した近世ペルシア語を域内共通語として保ったことは、イラン高原のアーリア人文化をイラン・イスラーム文化へと仲介する役割を果たし、同時に、イラン・イスラーム文化をイスラーム世界の中で独特のものにした。

以下では、イラン・イスラーム文化が、ゾロアスター教の教義的部分を排斥した一方、近世ペルシア語をマストとしてサーサーン王朝時代のアーリア人文化を部分的に継承した様子を概観したい。

二元論的宗教思想の消滅

「ザンダカ」とは、サーサーン王朝時代のゾロアスター教神官団が用いた語で、『ザンド』を曲解すること、「ザンダカ主義者」とは、『ザンド』を曲解する不信仰者を意味した。元来は、古代アーリア人の宗教の枠内で、ゾロアスター教神官団の正統教義に従わない異端者――特にマーニー教徒――を指す語であった。しかし、この語がアラビア語に入ると、意味内容を大きく変えた。イスラーム教徒が用いる場合の「ザンダカ主義者」とは、イスラームとは相容れない二元論者を意味するのである。

このイスラーム的な意味での「ザンダカ主義者」は、アッバース王朝時代のアーリア人官僚（文書作成能力に優るアーリア人は、しばしばイスラーム国家の官僚に登用されていた）に多かったとされ、弾圧の対象になった。パフラヴィー語文献のアラビア語翻訳で令名を馳せた上述のイブン・ムカッファウも、アッバース王朝時代初期に、このザンダカ主義の容疑で処刑されている。そして、このザンダカ主義運動が終息した一〇世紀までには、アーリア人が信奉した二元論的な教義は、イラン高原上から一掃されたと考えられている。

これ以後、イラン高原のアーリア人の宗教は、最初はスンナ派イスラーム、一〇世紀ごろからはテユルク系遊牧民のシャーマニズムの影響を受けたスーフィズム、一六世紀からは一二イマーム・シーア派イスラームと転々として現代に至っている。この状況を指して、一九世紀の研究は、「スーフィズムとは、セム的一神教に対するアーリア人の宗教の反動である」と捉え、二〇世紀の研究は、「一二イマーム・シーア派とは、イラン人（アーリア人）特有の内面重視で霊的な形態のイスラームである」[44]と主張していた。しかし、「アーリア人特有の内面的思考」というような本質主義的な捉え方は、その基体になる「アーリア人」そのものがつぎつぎに混血している点を別にしても、どこまで検証に耐えるか定かではない。また、一二イマーム・シーア派が、イラン・イスラーム文化と不可分に結びついていたとも考えがたい（一八世紀になっても、王朝の都合でスンナ派への改宗が試みられているのである）。古代アーリア人の宗教伝統は、きわめてマージナルなアルメニア王国やクルド人を除けば、八～一〇世紀の段階でいったん断ち切られ、それ以後はまったく別のイスラーム的展開が始まったと考えた方が良さそうである。

ザラスシュトラ伝説の誕生

このように、ザラスシュトラの二元論的な教えは、イラン高原では滅んだ。しかし、セレウコス王朝時代に、彼の名声が彼の教えとは別に一人歩きして広まったのと同じ現象が、イスラーム時代にも起こった。しばしば後世の誤解の元になる教祖の虚像が、イラン・イスラーム文化の中で流布されたのである。

例えば、イスラーム教徒神学者シャフラスターニー（一一五三年没）によると、ザラスシュトラの父親はアゼルバイジャン出身、母親はライイ（現在のテヘラン南郊）出身で、本人はオルーミーイェ湖畔で生まれ育った。その後、中央アジアのバルフに移住して、ゾロアスター教を開教したとされる。またイスラーム教徒哲学者スフラワルディー（一一九一年没）によると、ザラスシュトラが説いたゾロアスター教には、神官団が説く二元論とは別に隠された「光の叡智」があり、イラン高原で秘教的に伝承されてきたとされる。そして、その「光の教え」とは、エジプトにおけるヘルメスの教え、ギリシアにおけるプラトンの教えと一致し、スフラワルディーの時代にあっては、当人の中に顕現しているのである。

いわば、イスラーム教徒思想家がギリシア哲学を継承した教説を飾るために、きわめてオカルト的な粉飾を施されたザラスシュトラ像が造形され、「光の教え」を説いたことにされたのである。当然、批判の声を挙げるべきゾロアスター教神官団は、とうの昔にイラン高原上で勢力を失っていたので、どこからも抗議は出なかった。そのため、以後のイスラーム教徒思想家の間では、「光の教えを唱える神秘的なザラスシュトラ像」が語り伝えられ、非常な尊敬を集めた。教祖が尊敬されるのは悪いことではなかったので、時代が下ると当のゾロアスター教徒の方でも勘違いを起こし、アーザル・カイヴァーン学派などが「光の叡智のザラスシュトラ」を信じて、「プラトンと同じ内容を説いた神秘家」としての教祖伝説を再生産し始める。

イスラーム時代のイラン高原で形成されたこのザラスシュトラ伝説は、その後、ビザンティン帝国に影響を及ぼし、そのままルネッサンス時代のヨーロッパに流布した。このため、近世のヨーロッパ人が思い浮かべるザラスシュトラとは、「古代アーリア人特有の世界観を二元論的に語る土着的要素の強い教祖」ではなく、「途轍もなく神秘的な叡智を説いた東方の賢人」と化していった（終章参照）。

生活文化の継承① 聖典朗唱が好き

このように、断絶と誤解が顕著な宗教思想的側面とは別に、生活習慣の面でなら、アーリア人文化がイラン・イスラーム文化に継承されたポイントをいくつか指摘できる。例えば、サーサーン王朝時代のアーリア人の音楽や絵画は、イスラームの教義に抵触するので、残念ながらイラン・イスラーム文化に継承されたとはいえない。また、女性はチャードル着用を義務づけられたから、女性のスタイル批評も影を潜めた。騎馬民族としての尚武の気性もテュルク人にお株を奪われ、イスラーム時代以降のアーリア人は文弱な官僚・知識人化していったので、馬に関する鋭い観察眼も失われていった。

しかし、アーリア人の根底に流れる宗教的な感性までは、なかなか拭い取れなかったようである。ハンガリーのイスラーム学者ゴルドツィーハーによると、イスラームがサーサーン王朝時代のゾロアスター教文化から継承した遺産の一つに、聖典朗唱への愛着がある[45]。ゾロアスター教の場合、聖典そのものが聖呪から発達したので、不断に朗唱して実際の効力を期待した。イスラームの場合はこの関係が逆転し、ムハンマドに降った啓示を信者が不断に朗唱して、何らかの実効を祈願する呪句に転化した。ここに、アーリア人文化からイスラームへの根強い影響があるとされる。

生活文化の継承② 歯磨きが好き

ゾロアスター教は浄化を重んじるがゆえに、現代人の感覚と異なる部分があるにしても、身辺の清潔に気を配った。歯磨きの奨励もその一つである。ゴルドツィーハーによると、イスラームそのものには歯磨きを奨励する要素は皆無なのに対し、イスラームの伝承には歯磨きの功徳を称えるものが多い。伝説によれば、預言者ムハンマドは、大天使ジブラーイールがあまりにも歯磨きを勧めるもので、すんでのところで歯が磨り減って無くなってしまうのではないかと心配したという[46]。ここにも、生活文化レベルでのアーリア人文化からイスラーム文化の影響を見て取ることができる。

生活文化の継承③　緑色が好き

また、筆者の個人的な観察からも例を挙げることができる。例えば、イラン高原のアーリア人は緑色を好み、悪を追い払う聖なる色彩として敬っていた。宝石でも、ライトブルーをしたトルコ石（イラン高原原産なので、イラン石というべきなのだが）が珍重されたし、ペルセポリスから出土した儀式用の乳鉢と乳棒にも、緑のカラーリングが施されている。これは、もしかすると、ハオマ草が緑色をしていたことに起因するゾロアスター教的な色彩選択かもしれない。

イラン・イスラーム文化でも、緑色が一二イマーム・シーア派のシンボル・カラーに採用され、宗教的な建造物のあるところは、たいてい緑色に塗られている。イスラーム学者は、これを、「イラン・イスラーム共和国の国教はシーア派であり、そのシンボル・カラーがグリーンだから」と説明する。しかし、古代イラン学者からすると、アーリア人の緑色愛好が連綿と遺伝して、彼らが奉じる宗教が何であっても、緑色に塗らねば気が済まないせいではないかと思う。イラン人は、ゾロアスター教崩壊の後、仮にキリスト教や仏教に改宗していたとしても、宗教的なシーンではやっぱり緑色を偏愛したような気がする。

2．インド亜大陸のパールスィー

ゾロアスター教徒のインド亜大陸亡命

このように、イラン高原上の宗教事情は一変し、民族構成もなだらかに変化した。変わらないのは、根強いアーリア人的な生活文化の一部と、イラン高原上の使用言語がアーリア系の近世ペルシア語である点だけとなった。この状況は、一部の確信的なゾロアスター教徒にとっては耐えがたい悲劇と感じられたようである。一〇世紀以後、ゾロアスター教信仰の自由を求めて、ゾロアスター教徒のインド亜大陸への断続的な亡命が相次いだ。インド亜大陸側では、彼らを「ペルシアから来た人」の意味で「パールスィー」と呼んだ。「近現代に生き残ったゾロアスター教徒」と「パールスィー」は、ほぼ同義の術語である。

しかし、パールスィー的な継承の仕方にも問題があった。ゾロアスター教の教義にこだわってインド亜大陸に亡命した反面、サーサーン王朝のアーリア人文化をイラン高原に置き忘れてきたのである。彼らは、ゾロアスター教の祭式儀礼はよく保存しているものの、生活文化の面では徐々にヒンドゥー教徒に同化していった。このため、彼らをもって「サーサーン王朝時代のゾロアスター教文化の十全な後継者」とみなすにも無理がある。イラン高原で花開いたサーサーン王朝文化は、その生活文化の一部を残すイラン・イスラーム文化と、教義上の後継者を自任しつつ亡命先のインド亜大陸でヒンドゥー化していったパールスィー文化に二分されて、現代まで続いているのである。

以下では、アーリア人の生活文化の一部を保存してゾロアスター教教義を拒否したイラン・イスラーム文化とは対照的に、アーリア人の生活文化を失ってゾロアスター教教義を保存したパールスィー文化を概観したい。なお、日本には、世界に例を見ないほど長期間にわたってパールスィー社会に溶け込み、パールスィーの宗教儀礼を実証研究した中別府《なかべっぷ》温和《はるかず》氏の業績がある。パールスィーの文化人類学的側面に興味がある方は、氏の一連の論文を参照して頂きたい[47]。

パールスィーのゾロアスター教継承

パールスィーは、確かにサーサーン王朝時代のゾロアスター教神官団が完成したゾロアスター教教義を継承した。しかし、基盤となるゾロアスター教徒人口が、大帝国の民から亡命者コロニーとなって激減したので、彼らの活力は縮小を免れなかった。また、言語的にも、神官階級の学問用語としては近世ペルシア語を用いたものの、日常的にはグジャラート語を使用するようになり、イラン高原のアーリア人の伝統との間にねじれ現象を生じた。彼ら自身の古典を、自分たちで読めなくなったのである。

サーサーン王朝時代には、ゾロアスター教神官団は、教義問題研究神官、祭式執行神官、行政的神官、司法的神官など、さまざまな職分に分かれていた。しかし、インド亜大陸亡命後は、帝国組織自体が崩壊したので、行政や司法に携わる職分が消滅した。また、数千人から数万人程度の規模のパールスィー社会が支えるには、まったく生産性のない教義問題研究神官などは無用の贅沢品だったらしく、彼らとともにパフラヴィー語文献執筆の伝統も消え去った（既存のパフラヴィー語作品の複写の伝統は継続されたが）。

こうして、最終的に残ったのは、最低限必要不可欠と感じられた祭式儀礼を担当し、各パールスィーからの報酬がきちんと保証された祭式執行神官たちだった。この当時のパールスィー神官が著した近世ペルシア語書物としては、『アベスターグ』やパフラヴィー語文献の内容をダイジェストにした『一〇〇の門』や『一〇〇の門のブンダヒシュ』がある。しかし、その中に二元論の思想的探究とか、創世記・終末論の分析、一神教との対決に関する記述はほとんど見出せない。九割以上は、祭式儀礼の執行手続きや、細かい宗教法の規定の解説で埋まっている。

パールスィーは、サーサーン王朝時代のゾロアスター教を継承したとは言っても、活力の大幅な減少のゆえに、そのすべてを受け継ぐことはできず、一般のパールスィーにとって最も大事と考えられた祭式儀礼に限って保持したのである。それでも、古代アーリア人の呪術的な宗教文化を最後まで保持しきっている栄光は、彼らの大いに誇りとするところである。それ以外の『アベスターグ』やパフラヴィー語文献は細々と書き継がれ、拝火神殿の書庫に眠っていた。それらがもう一度脚光を浴びるには、一八世紀のヨーロッパ人の来航と一九〜二〇世紀の西欧イラン学の成熟を待たなくてはならなかった。

パールスィーのヒンドゥー化

イラン高原とインド亜大陸では、気候風土がまったく異なる。乾燥して砂漠化した高原地帯から、湿潤な亜熱帯の海岸部に移動したパールスィーたちは、当然、服装、料理など、あらゆる生活文化の変更を余儀なくされた。それは、彼らがイラン高原のアーリア人の文化を一つ一つ喪失し、ヒンドゥー教徒に同化していく過程でもあった。

服装の面では、パールスィーは、インド亜大陸上陸直後に、現地のヒンドゥー教徒王から、ペルシア風の衣服に換えてグジャラート風の衣服をまとうように申し渡されたとされる。しかし、どのような服装からどのような服装に移行したのかは、具体的な資料を欠いていて分からない。移行後の服装がある程度判明するのは、一六世紀になってからである。当時のパールスィー女性は、花柄のブラウスの上からカラフルなサリーを羽織り、その端を右胸から頭に巻きつけてスカーフの代わりにしている。耳飾り、首飾り、腕輪、指輪には、宝石が欠かせない。外見的には、完全にヒンドゥー教徒女性の服装である。パールスィー男性の場合は、上半身にはダグリという全身白色ずくめの白衣を着用し、下半身には白色の緩いパンタロンをはく。正式のシーンでは、さらにパグリというフェルト製のトルコ帽をかぶったようである。耳飾りや首飾り、腕輪はしないが、宝石の指輪は一般的だった。また、口髭を生やすのが成人男性の証しだったようである。ただ、両者の場合とも、現存している下着にはゾロアスター教徒の象徴である聖紐などの特徴が見られ、内部ではそれなりにゾロアスター教の信仰を維持していたようである。

料理の面では、彼ら自身には食材のタブーがなく、食事を楽しむという姿勢は継承したようであ

ムンバイ（ボンベイ）市内にあるパールスィー料理のレストラン、ジミー・ボーイ。カーマ東洋研究所からも近く、ムンバイに滞在するゾロアスター教研究者の溜まり場になっていた。

る。しかし、周囲にいるヒンドゥー教徒やイスラーム教徒の感情を刺激しないように、牛肉と豚肉は両方あきらめなくてはならなかった。その結果、羊の肉をトルコ風のキャバーブに焼いて食べるのがご馳走になったらしい。また、イラン高原ではまずお目にかからなかった魚介類も簡単に入手できるようになったので、魚料理が発達した。彼らが大好きな酒類としては、グジャラートではイラン高原産のワインなど手に入らなかったから、椰子酒で代用された。ペルシア風炒飯も廃れ、グジャラート風のココナッツカレーに取って代わられた。そして、何より、イラン高原の料理は薄味で、それほど香辛料を使う習慣がないのに対し、パールスィー料理は激辛に変化した。この「パールスィー料理」は、今日でもムンバイ（ボンベイ）のパールスィー料理レストランで味わうことができる。

ゾロアスター教の祭式儀礼をヒンドゥーに適応させた例としては、曝葬がある。本来、サーサーン王朝時代のゾロアスター教では、死体は路傍に放置し、禿鷹に喰われるか直射日光でカラカラに乾燥させ、骨だけになった段階で磨崖横穴（ダフマ）に放り込んでいた。しかし、これでは、いかに寛容なヒンドゥー教徒といえども気持ち悪がられたであろうし、乾燥したイラン高原では遺体を骨だけに日干しできても、亜熱帯のインド亜大陸では腐乱死体となっただろうから、何らかの変更を迫られた。だが、曝葬だけは譲りたくないパールスィーは、高い塔を建て、その上の開口部から禿鷹が自由に侵入できるような建造物を考案することで、この曝葬を維持した。これなら、異教徒の目に触れさせずに、遺体を禿鷹に喰わせ、直射日光で乾燥させることができるのである。このため、現在では、「ダフマ」という語は、本来のイラン高原上の磨崖横穴を指さず、このタワー形式の塔（英語では「沈黙の塔」と呼ばれる）にあてられている。このタワー型ダフマは、ムンバイに二基、ナヴサーリーに二基あるほか、インド亜大陸西海岸のパールスィー居住区では普通に見ることができる。

タワー型に進化したダフマ。サーサーン王朝時代の磨崖横穴式ダフマ（p.21）と対照すべし。太陽光線をミラーで反射させて、遺体を乾燥させる工夫が施されている。インド・グジャラート州ナヴサーリーにて。

最後に、ヒンドゥー化しつつ、それが結果的にはパールスィーの独自性の維持に役立った例が、

Ⅰ. 原始教団時代には、口承と祭式儀礼だけがゾロアスター教文化を構成

↓

Ⅱ. サーサーン王朝時代には、以下の３つの要素がゾロアスター教文化を構成
- ゾロアスター教の祭式儀礼
- ゾロアスター教の聖典や神学
- サーサーン王朝社会のゾロアスター教文化

↓

Ⅲ. サーサーン王朝崩壊後は２つに分岐

⇒①イラン・イスラーム文化への継承
- ゾロアスター教の祭式儀礼や聖典・神学は拒絶
- サーサーン王朝社会のゾロアスター教文化の一部を継承

⇒②パールスィーへの継承
- ゾロアスター教の祭式儀礼は固守
- ゾロアスター教の聖典や神学は化石化して保持
- 生活文化の面では、サーサーン王朝時代のゾロアスター教文化を喪失し、ヒンドゥー教文化へ同化

図表21：ゾロアスター教文化からイラン・イスラーム文化／パールスィーへの流れ

カースト制度と族内婚である。ヒンドゥー社会に外来者として現れたパールスィーは、それ自体が一つのカーストとみなされて、閉じられたコミュニティーを形成した。サーサーン王朝時代のゾロアスター教は、アーリア民族の政治的優位を利用してエーラーン・シャフルの内外に宣布されるべき教えとされていたが、今や、他宗教からの改宗を認めない少数コミュニティーの宗教に転化した。その反面、パールスィーは、文化的には周囲のヒンドゥー教徒から多大の影響を受けつつも、パールスィー社会の中でだけ婚姻を繰り返し、そのコミュニティー内のゾロアスター教文化を維持し得た。パールスィーが、絶対多数のヒンドゥー教徒の中に溶解せず、独自性を保てたのは、ヒンドゥー社会のカースト制度の中に居場所を見つけられたためである。

終章

ヨーロッパにおけるゾロアスター幻想

1. ルネッサンスとゾロアスターの「叡智」

ザラスシュトラの幻影

以上、イラン高原のアーリア人の諸宗教とゾロアスター教思想の軌跡を追った。だが、イラン高原のアーリア人の諸宗教が絶滅した後も、遠い昔に聖賢の道を説いたとされるザラスシュトラ・スピターマの記憶は、ギリシア語・ラテン語文献を通してヨーロッパで生き続けた。そして、さまざまな伝承をまとわりつかせつつ、それ自体が第二の生命を持ったかのように、ヨーロッパの宗教思想史上で活躍し始める。もちろん、ギリシア語・ラテン語の古典作者たち自身が、正確なザラスシュトラを知っていた訳ではないので、いわば虚像が独自に進化して、ヨーロッパの知識人たちの頭の中で踊ったのである。最後のエピローグとして、実在のザラスシュトラとは必ずしも関係のない、ヨーロッパにおける虚像のザラスシュトラの活躍をたどって、本書を結びたい[48]。

ビザンティン帝国からの使者、ゲミストス・プレトン

一四三九年、オスマン・トルコ帝国の攻勢に喘《あえ》ぐ落日のビザンティン帝国から、東西キリスト教教会和解のための使節団がフィレンツェに到着した。そして、この随員団の中に、コンスタンティノープル出身の大学者ゲオルギオス・ゲミストス・プレトン（一四五四年没）がいた。彼は、ユダヤ人哲

学者エリシアの影響を受けて、異教的な古代ギリシア哲学の研究に没頭した哲学者である。師は後に異端の廉《かど》で火刑に処せられたが、彼自身は生き延びて、中世イタリアにプラトン主義哲学を紹介してルネッサンスの導火線となった。そして、同時に、ヨーロッパにゾロアスター（本節では、プレトンに敬意を表して、ザラスシュトラをギリシア語読みする）の虚像を導入したのである。

プレトンの主張によれば、彼が愛して止まぬプラトン主義哲学は、じつはその源流をゾロアスターに仰いでいる。しかも、プラトン主義哲学とキリスト教信仰は、いずれは調和するべき二大思想であるのだから、プレトンの思想を煎じ詰めると――煎じ詰め過ぎな気もするが――、ゾロアスターは、プラトン以前にプラトン主義哲学を、イエス・キリスト以前にキリスト教信仰を説いた偉大な先覚者なのである。

現代の研究成果に照らせば、この説は、実像とははるかに懸け離れたゾロアスター像を提示しているのだけれど、何分、当時の西欧に比較して文化的な先進国だったビザンティン帝国から現れた稀代《きたい》の大学者、ゲミストス・プレトンの教えである。しかも、ヨーロッパでは、イスラーム経由でアリストテレス哲学は知られていたものの、プラトン哲学についての理解は乏しかったから、フィレンツェ公会議の合間に彼の講義を拝聴したイタリア人たちはプレトンの説明に深い感銘を受け、それを鵜呑みにしてしまった。さらに、プレトンは、実際には二世紀にユリアノスによって作成されたギリシア語文献『カルデアの神託』（現存せず、逸文のみ）を誰あろうゾロアスターその人の真作と信じ、これこそ、人類にとってプラトンの著作と並んで最も価値あるものと断じた。こうして、ヨーロッパの思想界に、「バビロニアの占星術の大家、プラトン主義哲学の祖、キリスト教の先駆者、マギの魔術の実践者」という、ザラスシュトラ本人が聞けば間違いなく驚愕するであろう「ルネッサンス的ゾロアスター像」が、深く刻み込まれたのである。

このプレトンが書いた『ゾロアスターとプラトンの教説要約』が、以後三〇〇年以上にわたって、ヨーロッパの知識人が考えるゾロアスター像の基準になった。マルシリオ・フィチーノ（一四三三～九九年）の「古代神学」によれば、先哲至理の教えは、「ゾロアスター⟶プラトン⟶イエス・キリスト」と継承されてきたことになった。フィチーノの弟子ジョヴァンニ・ピコ・デラ・ミランドラ（一四六三～九四年）も、ここに魔術師としてのゾロアスター観を付け加えた。そして、このようなゾロアスター評価が頂点に達したのは、フランチェスコ・パトリッツィ・ダ・チェルソ（一五二九～九七年）においてだった。彼は、『カルデアの神託』を愛読する中で、ゾロアスターは詩的・魔術的・宗教的・宇宙的な知識の最高の体現者と考えたのである。

人智学協会とゾロアスター

このルネッサンス的ゾロアスター像は、遅くとも一九世紀には一般に受け入れられずに自然消滅したのだが、やはりオカルト的な魅力があるらしく、ごく一部では命脈を保った。管見の及ぶ限り、二〇世紀初頭にドイツでルドルフ・シュタイナー（一八六一～一九二五年）によって設立された人智学協会が、このルネッサンス的ゾロアスター像を継承している。人智学協会の機関誌に掲載されたベック論文を参照すると[49]、彼らの思い描くゾロアスター像は、以下のようにまとめられる。

ゾロアスターを名乗る人物には、「トロヤ戦争より五〇〇〇年前に生きた原ゾロアスター」と、「紀元前二〇〇〇年から紀元前六世紀ごろに生きた後継者ゾロアスター」の二人存在していた。後者は、レムリア大陸とアトランティス大陸の崩壊後に、アーリア人がユーラシア大陸に移動した最初期に生きた人物である。そのアーリア人がインド文明やイラン文明を興した際、彼は、エーテル的な火を崇め、星を見てアストラル体を霊視し、ついに「地球の意味」を悟った。彼の言うハオマとは、人々にアストラル的な霊視力を目覚めさせる星々の露であり、アヴェスター語とは、音響効果によって太陽や諸惑星のリズムを体感する聖なる言語である。以上、筆者自身、人智学協会の理論には詳しくないのだが、この人智学の中では、ゾロアスターが太古の昔に想像を絶した叡智を秘めていた人物とイメージされ、ヘルメスやモーセの転生以前の実体として、両者に深い影響を与えたと考えられている。

2. 永劫回帰の超人ツァラトゥストラ

古代イラン学の発展とルネッサンス的虚像の解消

人智学協会から少し時代をさかのぼって、一八世紀後半。フランス人学者アンクティユ・デュペロン（一七三一〜一八〇五年）によって、インド西海岸に亡命して生き残っていたパールスィーと、彼らが所持していた古代イラン語文献がヨーロッパに初めて紹介された時、ヨーロッパの知識人は当然ながら、そこにルネッサンス以来語り伝えられてきた神秘的な叡智が書かれているものと期待した。しかし、しばらくすると、『アベスターグ』には古代アーリア人の怪しい呪文以外の何ものも書き記していないことが分かり、彼らの落胆を誘った。ここで、やっとザラスシュトラ・スピターマの実像が世に知られ始めるのである。

この一九世紀後半のゾロアスター教研究の中でも活躍の目覚しかったのが、ゲッティンゲン大学の古代イラン学教授フリードリヒ・カール・アンドレアス（一八四六〜一九三一年）である。二〇世紀前半の古代イラン学の黄金時代を築いた学者たちは、一度はこのアンドレアスの影響を蒙っている。そして、このアンドレアス教授は、本業の古代イラン学以外でも、思わぬところでザラスシュトラ伝説の形成に一役買うのである。

ロシア系美女ルー・サロメ

一八六一年、ペテルブルクにおいて一人の女の子が生まれ、ルーと命名された。ルー・サロメ（一八六一〜一九三七年）である。彼女は、一八八二年にイタリアに出奔し、哲学者で賭博師のパウル・レー（一八四九〜一九〇一年）と同棲生活を始めるが、同年五月に、たまたまスイスに滞在中のニーチェ（一八四四〜一九〇〇年）と知り合った。この後、賭博師と哲学者とロシア系美女という複雑な三角関係の一行は、五ヵ月間一緒に旅行した。そして、その年の一〇月、三八歳のニーチェはルーに求婚したらしい。しかし、あえなく撃沈され、ルーの前から姿を消した。さらに意外なことに、ルーは、その後も同棲生活を続けていたレーと結婚するかと思いきや、彼も捨てられ、いかなる経緯で知り合ったのか、上述のアンドレアスと恋愛に陥り、一八八七年に彼と結婚した。その後のルーの執筆活動、リルケ（一八七五〜一九二六年）とのロマンス、フロイト（一八五六〜一九三九年）との交流などは、一九世紀末ドイツの思想を探る上ではじつに興味深いのだが、古代イラン学の上からは言及する必要がない。

ニーチェと『ツァラトゥストラかく語りき』

ルー・サロメに拒絶されて傷心のニーチェは、その後、イタリアへ赴き、一〇日間で『ツァラトゥストラかく語りき』の第一部を書き上げ、一八八五年までに第二～四部を執筆して同書を完結させた。同書は、一八八九年の彼の発狂後から評価が高まった。そして、ゲミストス・プレトンが持ち込んだ「ルネッサンス的ゾロアスター」がやっと消え去ったヨーロッパで、今度は「ニーチェ的ツァラトゥストラ」が出現するのである。

ニーチェが、なぜツァラトゥストラ（本節では、ニーチェに敬意を表して、ザラスシュトラをドイツ語読みする）に仮託して、自らの思想を語ったのかは不明である。この「ニーチェ的ツァラトゥストラ」が語る「神の死」、永劫回帰、超人、権力への意思、善悪の彼岸などの思想は、「ルネッサンス的ゾロアスター」とは無縁である。さらには、当時の古代イラン学者たち――中心に、例のアンドレアス教授がいた――が研究していた「客観的なザラスシュトラ・スピターマ」とも、何の関係もない。

ただ、古代イラン学者が研究した「客観的なザラスシュトラ・スピターマ」――古代アーリア人の神官に過ぎない――よりは、「ニーチェ的ツァラトゥストラ」の方がはるかに魅力的であった。その上、ハイデッガー、バタイユ、フーコーなどの高名な哲学者たちが、こぞって本書に言及、批評したため、あたかもヨーロッパでは、「ルネッサンス的ゾロアスター」の虚像に接続して、「ニーチェ的ツァラトゥストラ」の虚像が出現したような状況になった。

3. アーリア民族至上主義の国家と「民族の英雄ザラスシュトラ」

アーリア民族至上主義の高揚

二〇世紀前半、ヨーロッパにおける独自のザラスシュトラ像の発展に、また新たな一ページが書き加えられた。しかも、今度は、一九世紀からドイツにくすぶっていた「アーリア民族至上主義」の要素が前面に現れ、ザラスシュトラは「アーリア民族の英雄」としての衣をまとうのである。この像は、「ルネッサンス的ゾロアスター」や「ニーチェ的ツァラトゥストラ」の虚像に比べれば、ザラスシュトラを正確に「古代アーリア民族の神官」と認識している点で、進歩していた。しかし、そこに極端なアーリア民族至上主義――ナチズム（アーリア民族社会主義）――が混入したのである。

一九三三年、ヴァイマール共和国において、アドルフ・ヒトラー（一八八九～一九四五年）が首相に任命され、アーリア民族伝統のハーケンクロイツ（卐マーク）をシンボルとするナチ党を最大与党とするナチス・ドイツが誕生した。当日の夜、ベルリンでは突撃隊による松明行列が催され、「ハイル・ヒトラー」のシュプレヒコールの中、弥《いや》が上にもアーリア民族革命的な雰囲気が盛り上げられた。ナチ党に投票した有権者たちは、もっと別の理由で彼らを議会第一党に押し上げたのかも知れないが、当のナチ党幹部たちは、いったん政権の座に就いた以上、アーリア民族至上主義の帝国を形成するためには手段を選ばない決意だった。

当時、ヒトラーが頭に思い描いていた「アーリア民族」とは、ゲルマン民族や北欧民族のことで、言葉の本来の意味での「アーリア人」であるインド亜大陸のアーリア人は、ほぼ念頭になかったようである（本節では、ヒトラーに即して、「アーリア人」の語を、インド・ヨーロッパ語族の西方系を含めて用いる）。となると、ナチス・ドイツにおいては、イラン高原のアーリア人の処遇も、かなり微妙であった。

しかし、古代アーリア民族が持った唯一の宗教的天才であるザラスシュトラの象徴性は捨て難い。総統《フューラー》の頭の中では、「ニーチェ的ツァラトゥストラ」が説く「権力への意思」、「善悪の彼岸」、「超人思想」などは、冷徹にアーリア民族至上主義を推し進め、感情を交えず科学的に民族問題を処理し、何時の日にかゲルマン民族が世界を征服して超人《ユーバーメンシュ》に進化する指針を与えてくれるように思えた。その結果、ザラスシュトラは、ナチス・ドイツのアーリア的科学の神殿の中に、首尾よく座を得ることができたのである。

アーネンエルベとアーリア的科学の奨励

ナチスは、政権獲得後、ドイツ学界のアーリア民族化を精力的に推進した。まずは、当時のドイツの大学教授の中で非常に多かったユダヤ人を排除し、研究主体である研究者たちを民族浄化した。これによって、それまでのドイツの科学技術を支えてきたユダヤ人学者たちが、軒並み国外に亡命するか、国内で強制収容所に入れられ、ドイツの学術レベルは一気に下落した。次に、ナチス・ドイツにおいては、研究対象もアーリア民族的な主題を選ばなくてはならないということで、一九三五年には親衛隊の機関としてアーネンエルベ（アーリア民族遺産研究協会）が設立され、

① アーリア民族発祥の地としてのチベット探検（当時は、中央アジアではなくチベットがアーリア民族の原郷と考えられていた）

② キリストの聖杯探索のためのアイスランド探検（イエスの父親がローマ軍兵士だったとすれば、彼は半分アーリア人である）

③ 純粋アーリア人であるペルシア皇帝の血液を求めてのイラン高原探検

④ アーリア民族発祥の地としてのアトランティス大陸を求めてのカナリア諸島探検

などが研究題目として採用された。総統の考えでは、これらの措置は、別に国家を挙げてオカルト化していった訳ではなく、純粋にアーリア民族の教えに基づいて科学を民族浄化した結果である。ただ、たまたま彼らが依拠したものが古代の北欧神話であったり、アーリア民族のルーツ探しであったりした結果、科学的であることを謳《うた》いつつ、国家の総力を結集してオカルトに没頭していっただけであった。そして、「古代アーリア民族の英雄ザラスシュトラ」研究も、こんな怪し過ぎる土壌の中で推進されることになった。

「古代アーリア民族の英雄ザラスシュトラ」研究

一九三七年、当時ミュンヒェン大学文学部長で古代インド学の権威だったヴァルター・ヴュスト教授は、アーネンエルベで親衛隊将校を前に講演した。題目は、「アーリア民族の世界観の反映として

の『我が闘争』」。その中で、ヴュスト教授は厳粛に宣言している。「総統の一語一語は、他の偉大なアーリア人と密接に共通している。つまり、民族的な存在基盤と、先祖からの遺産への聖なる意識である」と。そして、その「総統との共通性を持つ偉大なアーリア人」の中には、ザラスシュトラやゴータマ・ブッダが入るらしい（ブッダについては、インド亜大陸に移動した古代アーリア人の子孫であったのか、それ以前から土着していた先住民の子孫であったのか、現在でも議論が決着していないのだが）。

また、このヴュスト教授は、一九三八年にニーベルクがドイツ語訳で発表した「ザラスシュトラ＝ラリッたシャーマン」学説（上述）が気に入らなかった。ヴュストによれば、ザラスシュトラの業績は、もっと「古代アーリア民族の英雄」の観点から評価されるべきだった。彼は、ニーベルクへの書評で以下のように書いている。「純血種のインド・ゲルマン系指導者人間《フューラーメンシュ》の天才は、我々の前にあって誰もその中を覗き見た者がいない暗黒の中から到来し、電撃的にこの道を指し示す。（中略）ザラスシュトラは、現代に聳え立つ総統の姿《フューラーゲシュタルト》と同様に、時代の変わり目に立っていたのではないか？」すなわち、ナチス・ドイツにあっては、ザラスシュトラは、単なる古代アーリア人の宗教の神官であってはならなかった。彼は、古代アーリア民族の将来を数世紀の単位で見通して、民族が混迷の淵にある時に、その帝国復興のための導きの星となった天才的指導者（総統）なのである。

第三帝国の黄昏

このままナチス・ドイツ第三帝国が隆盛に向かっていたら、ナチス的なザラスシュトラ研究が量産されたかも知れない。しかし、歴史はそのような方向には動かなかった。総統にとっては、かつて古

時代	発祥者	各ザラスシュトラ像の特徴
15 世紀～ 19 世紀	ゲミストス・プレトン	ルネッサンス的魔術師ゾロアスター
19 世紀後半～	フリードリヒ・ニーチェ	永劫回帰に耐える超人ツァラトゥストラ
20 世紀初頭～	ルドルフ・シュタイナー	星の叡智を授かった超人ゾロアスター
20 世紀前半	アドルフ・ヒトラー	アーリア民族の英雄ツァラトゥストラ

図表22：ヨーロッパにおける「幻想のザラスシュトラ像」の変遷

代アーリア人がイラン高原やインド亜大陸で達成したような、民族別の階級制度がある「アーリア民族至上主義の帝国」が究極の目標だったのだろうが、それらの先行国家は、最も新しいサーサーン王朝ペルシア帝国を取ってみても、一三〇〇年前の産物である。とても、二〇世紀に通用するような話ではなかった。

しかも、アーリア民族のための新たな神官階級（デュメジルの解釈）／騎士階級（ヒムラーの理解）である親衛隊は、アーリア人科学を推進するエリートであるとともに、アーリア民族至上主義の裏返しとして、ユダヤ人、スラヴ民族などの「劣等人種《ウンターメンシュ》」を組織的に虐殺する犯罪集団でもあった。完全に常軌を逸したナチス・ドイツは、第二次世界大戦を引き起こし、アーリア民族に劣る凡庸種族と見下していた世界中の諸国の猛反撃を受けた。その結果、自称「アーリア民族の精鋭」である武装親衛隊は各戦線で敗退を重ね、一九四五年、ヒトラーがベルリンの総統地下防空壕で自殺するとともに、ナチス・ドイツ第三帝国は滅んだ。「アーリア民族の至福千年帝国」は、ドイツ人以外にとっては、成立の余地がなかったのである。この後、アーネンエルベのスタッフも、多くはニュルンベルクで戦争犯罪者として裁かれ、処刑された。それと同時に、「アーリア民族の英雄」としてのザラスシュトラ・スピターマ研究も、地上から消え去ったのである。

以上のようなヨーロッパにおけるゾロアスター像の変遷をまとめると、図表22が得られる。

ドイツから日本へのゾロアスター教紹介

最後に付言するならば、日本人は、ゾロアスター教がいかにも神秘的な何かを秘めたイメージで語られていた一九世紀末期から二〇世紀初めのころに、ヨーロッパ経由で――しかもドイツ経由で――同教を知った。このころのある種のロマンティシズムは、日本人がゾロアスター教を語る際につねにつきまとい、ドイツ浪漫主義の香りとあいまって、ザラスシュトラ・スピターマや古代ペルシアに「神秘的なもの、人の世の清きもの」を見出そうとする過剰な期待感を示している。

さらに、日本人がゾロアスター教に触れるもう一つの機会である「長安の春」や、「西域から唐代中国への祆教《けんきょう》伝播」などのイメージも、同じくエキゾチズムをかき立てるものであったので、この傾向はいよいよ深まった。それは、悪くすると、ゾロアスター教を非常にオカルト的な視点で捉える原因にもなったのである。本書が、このようなドイツのロマンティシズムや、日本独特のエキゾチズムから解放された、客観的なゾロアスター教思想像を提供できていれば幸いなのだが。

ゾロアスター教パフラヴィー語文献『ゾロアスターの教訓の書』全訳[50]

以下に訳出するのは、ゾロアスター教神官によってパフラヴィー語で著された『ゾロアスターの教訓の書』である。本書は、一般信徒が知っておくべき教義と義務を要約した文献で、サーサーン王朝時代のゾロアスター教の実像を知る上できわめて価値が高い。

神々の御名において

初期のゾロアスター教教父たちは、デーン（ゾロアスター教の教え）に明かされた至高の知識に則り、次のように述べている。すべての人間は、一五の年に達したとき、多くのことに対する答えを知らねばならぬ。「私は誰なのか？」、「私は誰に属しているのか？」、「私はどこから来たのか？」、「私はどこへ帰るのか？」、「私はどんな家系に属しているのか？」、「ゲーティーグ界での私の義務は何か？」、「メーノーグ界での報いは何か？」、「私はメーノーグ界から来たのか？　それともゲーティーグ界にいたのか？」、「私はオフルマズドに属しているのか？　それともアフレマンにか？」、「私は神々に属しているのか？　それとも悪魔たちにか？」、「私は善人に属していたのか？　それとも悪人にか？」、「私は人間なのか？　それとも悪魔なのか？」、「道はいくつか？」、「私のデーンは何か？」、「私の利益は何か？」、「私の損失は何か？」、「私の友は誰か？」、「私の敵は誰か？」、「根源は一つかそれとも二つか？」、「善は誰に由来するのか？」、「悪は誰に由来するのか？」、「光は誰に由来するのか？」、「闇は誰に由来するのか？」、「芳香は誰に由来するのか？」、「悪臭は誰に由来するのか？」、「正義は誰に由来するのか？」、「不正は誰に由来するのか？」、「慈悲は誰に由来するのか？」、「残酷は誰に由来するのか？」

今や、光輪の意味の決定者を置く。それは、信仰のあり方と仲介者である。

価値ある道について、疑問を挟むことなく知らねばならない。「私はメーノーグ界から来たのであって、ゲーティーグ界にいたのではない」、「私は（精神的に）創造された者であって、（物質的に）在る者ではない」、「私はオフルマズドに属するのであって、アフレマンにではない」、「私は神々に属するのであって、悪魔たちにではない」、「私は善に属するのであって、悪にではない」、「私は人間であって、悪魔ではない」、「私はオフルマズドの創造物であって、アフレマンの創造物ではない」、「私はガヨーマルトの家系に属する」、「私の母はスパンダルマド（大地の女神）である」、「私の父はオフルマズドである」、「私の人間性は、マシュヤグとマシュヤーナグに由来する。彼らは、ガヨーマルトの家系の祖である」、「私の義務の遂行は以下のことである。すなわち、オフルマズドは存在において、つねにあったし、つねにあるし、不滅である。（彼の）王権は天壌無窮《てんじょうむきゅう》、神聖不可侵である。アフレマンは非存在において、可滅である。（私の）思考と身体は、オフルマズドとアマフラスパンドたちに帰すること。アフレマンや悪魔たちやその仲間とは無関係であること」、「ゲーティーグ界では、第一に、デーンを告白すること。それから、賞賛し、祀り、それに揺るぎなくあること。思慮深く、信仰を、マズダー崇拝者の善なる教えに保つこと。損失より利益を、悪行より徳行を、悪より善を、闇より光を、悪魔崇拝よりマズダー崇拝を選ぶこと」。

「第二に、妻を娶ること。ゲーティーグ界の関係物を耕すこと。それに喜びを見出し、それに励むこと」。

「第三に、大地を耕地にし、耕すこと」。

「第四に、家畜を正しく扱うこと」。

「第五に、三分の一昼夜は、ヘールベデスターンに通い、正しい者の叡智を尋ねること。また、三分の一昼夜は、耕し励むこと。更に、三分の一昼夜は、食べて、休んで、楽しむこと」。

また、以下のことに疑問の余地はない。すなわち、徳行からは利益が、罪行からは喪失があり、私の友はオフルマズドで、仇はアフレマンであり、デーンの道は一つであること。一つの道は、善思・善語・善行。また、天国は、光り輝き、神聖無窮である。それは、つねに存在し、つねに存在し続けるであろう。もう一つの道は、悪思・悪語・悪行。暗黒で、有限で、まったく悲惨で、死に満ち、極悪非道である。それは、この創造では存在しなくなり、オフルマズドの創造ではなく、最後には破壊されるであろう呪われたガンナーグ・メーノーグ（悪魔）の有に帰する。

さらに、以下のことに疑問の余地はない。すなわち、根源は二つである。一つは創造者で、一つは破壊者。まったく善で光り輝くのは、創造者オフルマズド。極悪で死と虚偽に満ちているのは、呪われた殺戮者ガンナーグ・メーノーグ。これについて疑問の余地のないことには、救世主ソーシャーンスと七人のカイ王を除いては、すべての人間は死すべき存在である。

また、魂の消滅、肉体の滅亡、ストーシュの夜（死後三日間の夜）の審判、リスト・アーヘーズの復活（チンワトの橋が個別の審判であるのに対し、リスト・アーヘーズの復活は終末の大審判を指す）、死後の身体、チンワトの橋の渡り、救世主ソーシャーンスの到来、リスト・アーヘーズと死後の身体の有効に関しては、疑問の余地がない。さらには、高貴な聖法、先師たちのデーン、正義の思考、正義の言葉、正義の行動を保つこと。つねに善人と共に高貴な聖法に精進すること。平和と、すべての徳行と一致すること。善なるデーンの聖法と完全に一致すること。在ったもの、在る者、在るであろう者は、つねに徳行と一致し、正義と一致すること。聖法に則して行う徳行には、自己のための行いよりも一層高い価値がある。

私は、マズダー崇拝者の善なるデーンを、疑問の余地なく受容することを宣言する。（それは）肉体や魂に執着するためでなく、いわんや良い生活や寿命のためではない。と言っても、肉体をはかなむ故でもない。また、私は、マズダー崇拝者の善なるデーンを、決して棄教したりしない。それには疑問の余地はない。私は、それ以外の教えを崇めたり祀ったりしない。また、それらを信仰したりしない。なぜなら、思考・発言・行動の中で、行動が基準なのである。意思は動揺するし、思考は移ろいやすいが、行動は不動である。人間は、行動によって行うものである。

また、人間の身体には三つの道が設定されている。この三つの道に、三人のメーノーグ者が場所を占め、三匹のドルズ（虚偽の悪魔）が道を（占めている）。思考にはワフマンが場を占め、ヘーシュム（憤怒の悪魔）が道を（占める）。発言にはフラド（叡智）が場を占め、ワラン（欲望の悪魔）が道を（占める）。行動にはスパンナーグ・メーノーグが場を占め、ガンナーグ・メーノーグが場を（占める）。人間は、この三つの道をしっかりと踏み締めなくてはならない。そして、ゲーティーグ界の富や欲望や渇望のために、メーノーグ界の報いをやり過ごしてはならない。なぜなら、私が述べたこの三つの道を守った者は、自身を守るのである。その上、思考を悪思から、発言を悪語から、行動を悪行から（守る）。

ここで、感謝すること。感謝することで魂が地獄に落ちないようにすることができる。人間は、patačanbiiō（アヴェスターの句か？）によると、父親の腰から母親の胎内に達した時、アスト・ウィハード（死の悪魔。字義通りには「骨の解体者」）が、メーノーグ的に首に縄を掛ける。それは、善なるメーノーグによっても、悪なるメーノーグによっても、生涯にわたって首から外すことができない。自分自身の善行に依存する正義の人物は、逝去の後、その縄が首から外れる。しかし、悪漢はその縄で地獄に引きずり込まれる。

ゲーティーグ界にある者は、多くの祭祀を実行すること。また、手足の罪を知らねばならない。聾者や唖者でない限りは、(以下、数語不明)そして、ヘールベデスターンへ通い、『ザンド』を学ぶのである。父親と母親は、自分の子供が一五歳に達する前に、この多くの祭祀行為と慈善を教えなくてはならない。この多くを教えた場合、子供が行ったすべての祭祀行為と慈善は、父親と母親に戻る。しかし、もしも教えずに、子供が成人して罪を犯したら、父親と母親が原因である。

慈善において一致し、罪において一致せず、善を祀り、逆境や不運と戦い、義務以上の祭祀行為に勤しむのである。すべての罪を明らかにし、罪を罰するのである。一瞬も怠ってはならない。悪のワランや欲望を、フラドによって葬るのである。アーズ(貪欲の悪魔)を中庸で、ヘーシュムを服従で、嫉妬を慈愛で、貧困を癒しで、不調和を平和で、虚偽を真実で葬るのである。

以下のように知るべし。天宮の国は善で、メーノーグの都市は麗しく、アースマーンの村は輝き、ガロードマーン(歌謡の家=天国)は輝く家である。(以下、数語不明)慈善の聖なる力は、過ぎ去らない死後の身体の希望を齎す。

また、悪漢たちを帝王の力(のゆえに)崇めてはならない。なぜなら、悪を崇めたものは、悪が体内に侵入し、善が離脱するのである。

また、文化を求めることに熱心であるべし。なぜなら、文化は知識の種子であり、その果実は叡智なのである。そして、叡智は両世界を支配する。このことに関しては、以下のように言われている。「文化は繁栄における装飾、苦難における防御、不幸における援助、窮迫における階級(?)。」

また、誰であれ嘲笑してはならない。なぜなら、嘲笑する人は嘲笑されるであろうし、光輪を呪われるだろう。また、彼らの子孫は王者の風格を具えなくなるだろう。

また、善なる人々と交わって忠告を求めるのだ。なぜなら、善なる人々と交わると、増大し、慈悲と正義が増大するのである。

また、父親と母親と長者を災難から守るべし。それは、汝たちの身体が悪と非難されないためである。

以下のように知るべし。極悪のガンナーグ・メーノーグが犯した無類の悪行の中でも、以下の三つが最も忌々しい。つまり、視界の封鎖、聴覚の不調、そして不一致の虚偽。なぜなら、太陽はこの故に、(一日に)三回、ゲーティーグ界の人間たちに命令を与えるのだと明らかである。

①夜明けには、「オフルマズドは慈善と祭祀活動に熱心だと言われている人々のためにある。だから私(=太陽)は、汝たちがゲーティーグ界の中で生きていくようにするのだ。」と言われる。

②真昼時には、「女性を望み、子供を作り、その他の宗教義

務に熱心であれ。なぜなら、死後の身体までは、ガンナーグ・メーノーグとその一味はこの創造物から離脱しないのだから。」と言われる。
③夕間暮れには、「汝たちが犯した罪を明らかにせよ。私が汝たちを許そう。」と言われる。なぜなら、太陽の光線が地上に到達するように、彼の言葉が地上に到達するのだと明らかである。
また、物質界においては、思考・発言・行動に関して、虚偽を考えたり言ったり行ったりしてはいけない。神々の善なる力と叡智の道によって、デーンの学習に励むべし。そして、徳行の価値がいかに偉大で無窮かを知るべし。ガンナーグ・メーノーグは全力をつくして無法に執着するし、オフルマズドは広大無辺の御慈悲を以って努力なされる。デーンを覚智した者は、皆、宗教的実践と徳行に励み、自己の価値を高めるべし。

完。

参考文献（欧文・中文・日文の順に掲載）

Choksy Jamsheed K. 1997: *Conflict and Cooperation: Zoroastrian Subalterns and Muslim Elites in Medieval Iranian Society*, New York.

Dhabhar, Ervad Bamanji Nasarvanji 1909: *Saddar Nasr and Saddar Bundehesh*, Bombay.

Dumézil, Georges 1985: *L'oubli de l'homme et l'honneur des dieux et autres essays*, Paris.

Emmerick, Ronald E. 1990: "Buddhism among Iranian Peoples: i. In Pre-Islamic Times," *Encyclopaedia Iranica*, Vol. 4, pp. 492-496.

Frye, Richard N. 1975: *The Golden Age of Persia: the Arabs in the East*, London.

Goldziher, Ignaz 1912: "The Influence of Parsism on Islam," tr. by G. K. Nariman, in *The Religion of the Iranian Peoples*, Bombay, pp.163-182.

Hinnells, John R. 2000: *Zoroastrian and Parsi Studies*, Burlington.

Jamasp-Asa, J. M. (ed.) 1913: *Pahlavi Texts*, Bombay.

Jong, Albert de 1997: *Traditions of the Magi: Zoroastrianism in Greek and Latin Literature*, Leiden / New York / Köln.

Kellens, Jean 1989: "Avesta," *Encyclopaedia Iranica*, Vol. 3, pp. 35-44.

Kreyenbroek, Philip G. 1995: *Yezidism — its Background, Observances and Textual Tradition*, New York.

— 2002: "Modern Sects with Ancient Roots: The Yezidis and Ahl-e Haqq of Kurdistan," *A Zoroastrian Tapestry*, Amedabad, pp. 260-277.

Mallory, J. P. and D. Q. Adams 2006: *The Oxford Introduction to Proto-Indo-European and the Proto Indo-European World*, Oxford.

Mir-Hosseini, Z. 1996: "Faith, Ritual and Culture among the Ahl-e Haqq," *Kurdish Culture and Identity*, London, pp. 111-134.

Modi, Jivanji J. 1922: *The Religious Ceremonies and Customs of the Parsees*, Bombay.

Russell, James 1987: *Zoroastrianism in Armenia*, Cambridge, MA.

Stausberg, Michael 1998: *Faszination Zarathushtra: Zoroaster und die Europäische Religionsgeschichte der Frühen Neuzeit*, 2 Bde, Berlin / New York.

Stietencron, Heinrich von 1966: *Indische Sonnenpriester Sāmba und die Śākadvīpīya-Brāhmana: eine textkritische und religionsgeschichtliche Studie zum indischen Sonnenkult*, Wiesbaden.

Unvala, Jamshedji Maneckji 1917: *The Pahlavi Text King Husraw and his Boy*, Paris.

Wiessner, Gernot 1967: *Zur Märtyrerüberlieferung aus der Christenverfolgung Schapurs II*, Göttingen.

Williams, Alan V. 2002: "Zoroastrianism and Christianity," *A Zoroastrian Tapestry*, Amedabad,

pp. 211-225.
Zaehner, R. C. 1956: *The Teachings of the Magi*, London.
姜伯勤　二〇〇四年：『中国祆教芸術史研究』、三聯書店。
林悟殊　二〇〇五年：『中古三夷教弁証』、中華書局。
張小貴　二〇〇六年：『唐宋祆教的華化形態』、二〇〇六年に中山大学歴史系に提出した博士論文。未公刊。
——　二〇〇七年：「摩醯首羅与唐宋祆神」、東西方研究国際学術研討会（香港大学中文学院・二〇〇七年一〇月五～七日開催）の発表レジュメ。
足利惇氏　一九四九年：『古代印度に於けるイラーン文化の影響に関する文献学的研究』、京都大学文学部梵文科へ提出の博士論文。未公刊。
——　一九七八年：「マガ婆羅門について」、『神観の研究：小田切信男博士感謝記念論文集』（日本神観研究会・編）、創文社、pp. 85-97。（本論文は、一九八八年に『足利惇氏著作集第一巻イラン学』、東海大学出版会、pp. 328-339に再録されている。ただし、初出を一九七七年としているのは、一九七八年の誤り）
井筒俊彦　一九九一年：『イスラーム文化　その根柢にあるもの』、岩波文庫。
伊藤義教　一九五八年：（足利惇氏と共著）「ペルシアの将棋書」、『西南アジア研究』、第二巻、pp.

1-18。

―　一九六四年：「『先師金言要集』とアンダルズ文献研究序説」（上）、（下）、『オリエント』第七巻第一号、pp. 1-17、第七巻第二号、pp. 15-31。

―　一九六七年：（訳）「アヴェスター」、『世界古典文学大全集第三巻ヴェーダ　アヴェスター』、筑摩書房、pp. 325-395。

―　一九七九年：『ゾロアスター研究』、岩波書店。

―　二〇〇一年：「イランにおけるビジョン（霊観）の文学」、『ゾロアスター教論集』、平河出版社、pp. 253-322。

―　二〇〇七年：『伊藤義教氏転写・翻訳『デーンカルド』第三巻(1)』、青木健（編）、東京大学東洋文化研究所附属東洋学研究情報センター叢刊八。

伊藤博明　一九九六年：『神々の再生　ルネサンスの神秘思想』、東京書籍。

井本英一　二〇〇七年：『神話と民俗のかたち』、東洋書林。

岡田明憲　一九八二年：『ゾロアスター教　神々への讃歌』、平河出版社。

―　一九八四年：『ゾロアスター教の悪魔払い』、平河出版社。

岡田恵美子　一九七七年：（訳）『ホスローとシーリーン　東洋文庫三一〇』、平凡社。

―　一九九〇年：（訳）『ヴィースとラーミーン　ペルシアの恋の物語』、平凡社。

菊池淑子　一九七八年：（訳）『カリーラとディムナ　アラビアの寓話』、平凡社。

黒柳恒男　一九六九年：（訳）『王書　ペルシア英雄叙事詩　東洋文庫一五〇』、平凡社。

小岸昭　二〇〇〇年：『世俗宗教としてのナチズム』、ちくま新書。
津田元一郎　一九七七年：『アフガニスタンとイラン―人とこころ』、アジア経済研究所。
デュメジル、ジョルジュ／エリボン、ディディエ　一九九三年：『デュメジルとの対話―言語・神話・叙事詩』、松村一男（訳）、平凡社。
中別府温和　一九八三年：「ゾロアスター教における聖なる火」、『哲学年報』四二号、pp. 29-52。
ヒネルズ、ジョン・R　一九九三年：『ペルシア神話』、井本英一・奥西峻介（訳）、青土社。
ベック、ヘルマン　一九九三年：『秘儀の世界から』、西川隆範（訳）、平河出版社。
ポリアコフ、レオン　一九八五年：『アーリア神話』、アーリア主義研究会（訳）、法政大学出版局。
前田耕作　一九九七年：『宗祖ゾロアスター』、筑摩書房。
森茂男　二〇〇六年：「『Sūr Saxwan』訳注二」、『イラン研究』、第二号、大阪外国語大学地域文化学科ペルシア語専攻紀要、pp. 154-183。

註

1 最新の原始インド・ヨーロッパ語族研究としては、Mallory and Adams 2006参照。
2 津田 一九七七年、p. 113参照。
3 ゲルマン民族を「支配民族アーリア人」とする言説の形成については、ポリアコフ 一九八五年参照。
4 デュメジル 一九九三年参照。
5 Dumézil 1985, p. 323参照。
6 日本語で読めるペルシア神話の神々については、ヒネルズ 一九九三年参照。
7 ゾロアスター教の宗教儀礼については、Modi 1922が、現在でも最良の概説書である。
8 Jong 1997参照。
9 足利 一九四九年及び足利 一九七八年参照。
10 Stietencron 1966参照。
11 Emmerick 1990参照。
12 最新の論考としては、井本 二〇〇七年、特に第四部「飛鳥のペルシア人」参照。
13 Russell 1987参照。
14 Wiessner 1967参照。
15 Williams 2002参照。
16 姜 二〇〇四年及び林 二〇〇五年参照。
17 張 二〇〇六年及び張 二〇〇七年参照。
18 Kreyenbroek 1995及びKreyenbroek 2002参照。
19 Mir-Hosseini 1996参照。
20 サーサーン王朝時代のゾロアスター教を有機的な統合体と見るか諸潮流の併存と見るかでは、ボイスとシャーケードが激しく論争している。Hinnells 2000, p. 20参照。
21 日本語の抄訳としては、伊藤 一九六七年参照。
22 日本語の抄訳としては、岡田 一九八二年参照。
23 日本語の抄訳としては、岡田 一九八四年参照。
24 Kellens 1989参照。
25 伊藤 二〇〇一年参照。
26 伊藤 一九七九年参照。
27 伊藤 二〇〇七年参照。本書の引用は、基本的に同書による。ただし、原語のローマ字転写は、省略ないしカタカナ表記した。
28 日本語訳としては、菊池 一九七八年参照。
29 日本語訳としては、黒柳 一九六九年参照。
30 日本語訳としては、岡田 一九九〇年参照。
31 日本語訳としては、岡田 一九七七年参照。
32 Goldziher 1912, p. 167参照。
33 Unvala 1917, pp. 27–29参照。
34 日本語訳としては、森 二〇〇六年参照。
35 Unvala 1917, pp. 20–21参照。

36 Unvala 1917, pp. 17–18 参照。
37 Unvala 1917, p. 26 参照。
38 Unvala 1917, pp. 35–36 参照。
39 Unvala 1917, p. 36 参照。
40 Unvala 1917, p. 16 参照。
41 日本語訳としては、伊藤　一九五八年参照。
42 ペルシア帝国の崩壊とアラブ人イスラーム教徒の占領体制については、Choksy 1997 参照。
43 Frye 1975, pp. 126–135 参照。
44 井筒　一九九一年参照。特に第三章「内面への道」を参照。
45 Goldziher 1912, pp. 170–171 参照。
46 Goldziher 1912, pp. 173–175 参照。
47 代表的な論文としては、中別府　一九八三年参照。
48 Stausberg 1998 参照。日本語でイメージの中のゾロアスターを扱った概説としては、前田　一九九七年参照。ルネッサンス時代のイタリア人文主義者の中におけるゾロアスターの扱いについては、伊藤　一九九六年、pp. 214–231 が詳しい。
49 その中のベック論文「ゾロアスターの神聖な原言語」の邦訳としては、ベック　一九九三年、pp. 10–55 参照。
50 テキストは、Jamasp-Asa 1913 の pp.41–50 使用。（ただし、pp.49–50 の部分は、文体その他から後世の追加と考えられており、省略した。）また、Zaehner 1956 に英訳が、伊藤　一九六四年に和訳がある。

あとがき

本書は、「古代アーリア民族の時代」の一二〇〇年間と「イスラーム時代」初期の二〇〇年間の合計一四〇〇年間における、「イラン高原のアーリア人の諸宗教」を扱う概説書である。「諸宗教」といっても、資料の残存状況の制約から、サーサーン王朝ペルシア帝国の国家宗教になったゾロアスター教についての記述が大部分を占め、残りのガンダーラ・ブラーフマナやアルメニア的ゾロアスター教、ヤズィード教、ベフ・アーフリードの教えなどについての記述は、ごく限られている。また、当然取り上げると予想されるであろうマーニー教は、メソポタミアのセム民族的な環境から発生したグノーシス主義の一派と思うので、あえて「アーリア人の諸宗教」の枠には収めなかった。その代わり、「アーリア人の諸宗教」にまつわるエピソードとして、イスラームへの改宗の状況と、このゾロアスター教のイメージがヨーロッパで一人歩きしてルネッサンス、ニーチェ、ナチズムに関係した経緯について、比較的詳しくあつかった。

本書の記述の焦点は宗教思想の列挙や類型化にあり、歴史的な展開や個々の史実はぜんぜん顧慮していない。また、できるだけ最新の研究成果を取り込みながら、概説書として成立するように工夫したつもりだが、不学不文のゆえに不正確・不明瞭な部分があると思う。その上、タイム・スパンをかなり長く取って俯瞰的な記述を心がけたので、ますます細部の詰めが甘くなったかも知れない。ただ、不注意な不学不文はあっても、意識的な曲学曲文はないと思う。なお、本書の原型となったのは、二〇〇七年一二月に公刊された論文「イスラーム文献が伝える多様なゾロアスター教像――六〜八世紀のアラビア語資料のゾロアスター教研究への応用」、『宗教研究』、三五四号、六五二〜六七四頁なので、重ねて興味のある方は参照して頂ければ幸いです。

＊　＊　＊

本書は、イスラーム以前の「アーリア人の諸宗教」のバリエーションを紹介することに重点を置いたが、じつはイスラーム以後にも研究課題がある。サーサーン王朝と密着していたゾロアスター教は帝国とともに滅んだが、その陰に隠れていた「アーリア人の諸宗教」が、イスラーム時代に姿を変えて生き残った可能性の追究である。周知のように、イスラーム時代の初期四〇〇年間には、一二イマーム・シーア派、イスマーイール派、ザイド派、グラート派など、預言者の一族であるイマーム（指導者）を戴く無数のシーア派分派が発生して、西アジアの宗教思想界は収拾のつかない大混乱に陥った。それに加えて、一〇世紀からは多数のスーフィー教団も発達し、メソポタミア系とホラーサーン州（イラン高原北東部）系の諸教団が思い思いに自らの宗教思想を述べ伝えた。多分、その中の何割かは、ヤズィード教のように古代アーリア人の宗教思想の系譜を引いていると予想されるのだが、今のところ確かな証拠がない。

本書では、できればこの豊饒で雑多な宗教状況まで射程に含めたいと思ったものの、極度に複雑になるので断念した。この時代は、民族別に見れば、イラン高原上には土着アーリア人が多数住み着いていることはもちろんであるが、それ以外にもアラブ人の占領軍が駐留し、おまけに一〇世紀ごろからは中央アジアの覇者となったテュルク系遊牧民が大挙して移動してくる。その混乱の中で、シーア派諸派やスーフィー教団のどれが「アーリア人の諸宗教」の流れを汲んでいるのか、状況が非常に込み入っていて分かりがたい。ただ、一二世紀にアブー・ハーミド・ガザーリー（一〇五八〜一一一一年）が出現してアシュアリー派のイスラーム神学を完成させる以前の西アジアは、政治的にはイスラーム教徒の支配するところだが、宗教的にはイスラームがそれほど確立も浸透もしておらず、まことに混沌としていたことは確かである。七世紀から四世紀間は、宗教史的には「イスラーム時代」ではなく、「諸宗教の大乱立時代」と区切ってあつかったほうが良いかも知れない。そして、その大乱立の主役の一つに、「アーリア人の諸宗教」の末裔があったはずである。

＊　＊　＊

本書は、筆者にとっては、二冊めの公刊された著作となる。二〇〇七年に出版した『ゾロアスター教の興亡』（刀水書房）をご覧になった講談社選書メチエ編集部の山崎比呂志氏が、ゾロアスター教に関する百科事典的な書物を執筆するように慫慂《しょうよう》して下さったのが機縁となった。筆者の専攻するゾロアスター教や古代ペルシアは、我ながら浮世離れした研究テーマである。一般向けの書物を執筆するに当たっては、定めし細かい注文が付くかと思ったが、予想に反して非常に自由に執筆させていただいた。このようなマイナーなテーマで好き勝手な叙述を許していただけるとは、何という度量の広さかと、深い感銘を受けた次第です。

また、本書の表紙を飾り、各ページに掲載された写真は、大部分筆者がイランとインドで撮影したものである。スィーラーフとアルメニアの写真のみ阿部尚史氏（当時、テヘラン大学大学院留学中）から提供して頂いた。貴重な写真を貸して下さった阿部氏に感謝したい。「人物を褒めるに値しない時は、ネクタイを褒めろ」という諺言がありますが、本書では、せめて写真の方を鑑賞して頂きたいと思います。

は

た

な

か

さ

索引

あ

ゾロアスター教《きょう》

二〇〇八年三月一〇日第一刷発行　二〇二五年二月七日第一二刷発行

著者　青木《あおき》　健《たけし》

©Takeshi Aoki 2008

発行者　篠木和久

発行所　株式会社講談社

東京都文京区音羽二丁目一二―二一　郵便番号一一二―八〇〇一

電話（編集）〇三―五三九五―三五一二　（販売）〇三―五三九五―五八一七

（業務）〇三―五三九五―三六一五

装幀者　山岸義明　本文データ制作　講談社デジタル製作

印刷所　株式会社新藤慶昌堂　製本所　大口製本印刷株式会社

ISBN978-4-06-258408-1　Printed in Japan

N.D.C.168.9　220p　19cm

講談社選書メチエ　刊行の辞

書物からまったく離れて生きるのはむずかしいことです。百年ばかり昔、アンドレ・ジッドは自分にむかって「すべての書物を捨てるべし」と命じながら、パリからアフリカへ旅立ちました。旅の荷は軽くなかったようです。ひそかに書物をたずさえていたからでした。ジッドのように意地を張らず、書物とともに世界を旅して、いらなくなったら捨てていけばいいのではないでしょうか。

現代は、星の数ほどにも本の書き手が見あたります。読み手と書き手がこれほど近づきあっている時代はありません。きのうの読者が、一夜あければ著者となって、あらたな読者にめぐりあう。その読者のなかから、またあらたな著者が生まれるのです。この循環の過程で読書の質も変わっていきます。人は書き手になることで熟練の読み手になるものです。

選書メチエはこのような時代にふさわしい書物の刊行をめざしています。

フランス語でメチエは、経験によって身につく技術のことをいいます。道具を駆使しておこなう仕事のことでもあります。また、生活と直接に結びついた専門的な技能を指すこともあります。

いま地球の環境はますます複雑な変化を見せ、予測困難な状況が刻々あらわれています。

そのなかで、読者それぞれの「メチエ」を活かす一助として、本選書が役立つことを願っています。

一九九四年二月　　　野間佐和子

KODANSHA